guia prático do português correto vol. 4

para gostar de aprender

PONTUAÇÃO

PRINCÍPIOS GERAIS

PONTUAÇÃO INTERNA

PONTUAÇÃO FINAL

Livros do autor publicados pela **L&PM** EDITORES:

100 lições para viver melhor – histórias da Grécia Antiga
A guerra de Troia – uma saga de heróis e deuses
Guia prático do Português correto – vol. 1 – Ortografia
Guia prático do Português correto – vol. 2 – Morfologia
Guia prático do Português correto – vol. 3 – Sintaxe
Guia prático do Português correto – vol. 4 – Pontuação
Noites gregas – histórias, mitos e encantos do Mundo Antigo
O prazer das palavras – vol. 1
O prazer das palavras – vol. 2
O prazer das palavras – vol. 3
Um rio que vem da Grécia – crônicas do Mundo Antigo

CLÁUDIO MORENO

guia prático do português correto vol. 4

para gostar de aprender

PRINCÍPIOS GERAIS
PONTUAÇÃO INTERNA
PONTUAÇÃO FINAL

www.lpm.com.br

Coleção **L&PM** POCKET, vol. 875

Texto de acordo com a nova ortografia.

Primeira edição na Coleção **L&PM** POCKET: julho de 2010
Esta reimpressão: agosto de 2019

Projeto gráfico e capa: Ana Cláudia Gruszynski
Revisão: Elisângela Rosa dos Santos e Patrícia Yurgel
Revisão final: Cláudio Moreno

CIP-Brasil. Catalogação na Fonte
Sindicato Nacional dos Editores de Livros, RJ

M846g

Moreno, Cláudio, 1946-
    Guia prático do Português correto, volume 4: pontuação / Cláudio Moreno. – Porto Alegre, RS: L&PM, 2019.
    208p. : il. – (Coleção L&PM POCKET; v. 875)

    Conteúdo: Princípios gerais - Pontuação interna - Pontuação final
    ISBN 978-85-254-2022-0

    1. Língua portuguesa - Pontuação. I. Título. II. Série.

10-2145.   CDD: 469.1
                              CDU: 811.134.3'35

© Cláudio Moreno, 2010.
e-mail do autor: cmoreno.br@gmail.com

Todos os direitos desta edição reservados a L&PM Editores
Rua Comendador Coruja, 314, loja 9 – Floresta – 90.220-180
Porto Alegre – RS – Brasil / Fone: 51.3225.5777

Pedidos & Depto. Comercial: vendas@lpm.com.br
Fale conosco: info@lpm.com.br
www.lpm.com.br

Impresso no Brasil
Inverno de 2019

*À memória de Joaquim Moreno, meu pai,
e de Celso Pedro Luft, mestre e amigo.*

Sumário

Apresentação 13

Falar e escrever 15

Princípios gerais 24

A pontuação nos dicionários 24
A vírgula não existe para marcar pausas 25
Vírgula com sujeito posposto 28
Vírgula com sujeito posposto – o retorno 29
A pontuação nos escritores 31
Como posso indicar uma pausa na fala? 33
Vírgula depois de sujeito oracional 35
Separar o sujeito do predicado? 38
Vírgula entre o sujeito e o verbo? 39
Por que cometem esse erro? 41
Vírgula antes de "é" 43

Curtas 44
Nem tudo a pontuação pode representar 44
Vírgula entre o sujeito e o verbo 45
Vírgulas de um convite 45
Vírgulas e pausas não coincidem 45
Vírgula depois do nome de autores 46
Água também é vida! 47
A frase de Saramago 48
Quem ama, educa 49

Pontuação interna 50

I. A vírgula 50

I – Separando os itens de uma enumeração 50

Enumerações abertas 51
A pontuação do etc. 52
Enumeração com vírgula antes do "E" 57
Enumeração de adjuntos adverbiais 58

Curtas 59
Vírgula em nome próprio 59
Ponto depois do etc. 60

2 – Separando orações coordenadas 61

Orações com sujeitos diferentes 62
O "E" com valor adversativo 64
Pontuação do POIS... 66
A frase pode começar com E ou MAS?....................... 67

Curtas 69
"E" com valor adversativo 69
E sim 70
Vírgula estranha antes do "E"....................................... 71
Quando "E" não for conjunção aditiva 72

3 – Separando o adjunto adverbial deslocado 72

Adjunto adverbial curto 74
Vírgula a ser evitada 75
Advérbios em -MENTE 76
Adjunto adverbial no convite de casamento 78
Desta feita 79

Curtas 81
Ontem à noite 81
Adjunto adverbial deslocado 81
Ad referendum: adjunto adverbial deslocado........... 82
Vírgula com data 82

4 – Separando o aposto 83

Aposto ou vocativo? 84
Alexandre, o Grande 85
Aposto entre travessões 87

Curtas 88
Diretor em exercício 88

5 – Separando o vocativo 89

Vocativo não é sujeito 89
Bom dia, Vietnã! 90
Suje-se gordo! 91

Curtas 93
O vocativo 93
Cuidado frágil 93
Vocativo x sujeito 94
Pontuação com interjeição 94
Quantas vírgulas? 95
Muda o sentido 96

6 – Separando outros elementos intercalados 96

Vírgula depois de parênteses 98
Travessão seguido de vírgula 100
Interrogação dentro da intercalação 101
Curtas 104
Além disso 104
Conjunção seguida de expressão intercalada 105

7 – Indicando a elipse do verbo 106

Supressão do verbo ser 106
Vírgula obrigatória? 107
Curtas 109
Vírgula estranha 109
Falso caso de elipse 110

8 – Separando as adjetivas explicativas 110

Aposto e oração explicativa 116
Aposto restritivo 118
Ensinando as adjetivas 119
Orações adjetivas no subjuntivo 121
Aposto circunstancial 122
Elementos não restritivos 124
Curtas 125
Adjetiva explicativa reduzida 125
Classificação das orações 126
Adjetiva com pronome pessoal 126
Restritivas x explicativas: diferença de significado 127
Aposto restritivo 128
Subjuntivo nas restritivas 129
Explicativa após pronome pessoal 129

II. O ponto-e-vírgula 130

1 – Organizando enumerações complexas 131

2 – Separando orações coordenadas assindéticas 132

3 – Separando orações introduzidas por conjunções pospositivas 134

Os dois tipos de POIS 135
Pontuação das adversativas 137
Pontuação da segunda coordenada 140
Maiúsculas depois do ponto-e-vírgula 142
Ponto ou ponto-e-vírgula? 143

III. O dois-pontos 146

1 – Introduzindo uma enumeração 147

2 – Introduzindo uma citação 148

3 – Assinalando uma relação de causa ou consequência 150

Dois-pontos e aposto enumerativo 151
Dois-pontos com enumeração 152
Minúscula depois de dois-pontos 154

IV. O travessão 154

Travessão simples 155
Travessão duplo x parênteses 155
Travessão duplo x vírgula dupla 157
O hífen não é travessão 157
Como digitar um travessão 159
Travessão com vírgula? 161
A ponte Rio–Niterói 163

Pontuação final 167

I. O ponto 168

Ponto final e ponto da abreviatura 168
Título deve ser pontuado? 170

II. O ponto de interrogação 172

Interrogação indireta 173
Pergunta retórica 174

III. O ponto de exclamação 175

Para distinguir uma frase declarativa
de uma exclamação 176
Depois de uma interjeição 178
Para caracterizar chamado ou interpelação 179
Em frases imperativas 180
Pontuação com interjeição 180
Usar ou não usar o ponto de exclamação 181
Pontuação mista 182

IV. As reticências 184

Nas enumerações exemplificativas 185
Para indicar cortes em citações 186
Espaço antes ou depois das reticências 186
O professor que odiava reticências 187

Diversos 190

O ponto fica antes ou depois das aspas? 190
Ponto dentro e fora das aspas? 191
E/OU – valor da barra inclinada 193
Barra inclinada ou travessão? 196
Sem espaço antes da vírgula 197
O uso de colchetes 199
Pontuação no cabeçalho de correspondência 201
Pontuação: charadas 202

Pontuação são uns risquinhos, ou pontos, com que se apartam entre si as palavras, e mostram que casta de sentido fazem.

Jerônimo Contador de Argote
Regras da língua portuguesa, espelho da língua latina (1725)

Apresentação

Este livro é a narrativa de minha volta para casa – ou, ao menos, para essa casa especial que é a língua que falamos. Assim como, muito tempo depois, voltamos a visitar o lar em que passamos nossos primeiros anos – agora mais velhos e mais sábios –, trato de revisitar aquelas regras que aprendi quando pequeno, na escola, com todos aqueles detalhes que nem eu nem meus professores entendíamos muito bem.

Quando, há quase dez anos, criei minha página sobre o Português (www.sualingua.com.br), percebi, com surpresa, que os leitores que me escrevem continuam a ter as mesmas dúvidas e hesitações que eu tinha quando saí do colégio nos turbulentos anos 60. As perguntas que me fazem são as mesmas que eu fazia, quando ainda não tinha toda esta experiência e formação que acumulei ao longo de trinta anos, que me permitem enxergar bem mais claro o desenho da delicada tapeçaria que é a Língua Portuguesa. Por isso, quando respondo a um leitor, faço-o com prazer e entusiasmo, pois sinto que, no fundo, estou respondendo a mim mesmo, àquele jovem idealista e cheio de interrogações que resolveu dedicar sua vida ao estudo do idioma.

Por essa mesma razão, este livro, da primeira à última linha, foi escrito no tom de quem conversa com alguém que gosta de sua língua e está interessado em entendê-la. Este interlocutor é você, meu caro leitor, e também todos aqueles que enviaram as perguntas que compõem este volume, reproduzidas na íntegra para dar mais sentido às respostas. Cada unidade está dividida em três níveis: primeiro, vem uma explicação dos princípios mais gerais que você deve conhecer para aproveitar melhor a leitura; em seguida, as perguntas mais significativas, com discussão detalhada; finalmente, uma série de perguntas curtas, pontuais, acompanhadas da respectiva resposta.

Devido à extensão do material, decidimos dividi-lo em quatro volumes. O primeiro reúne questões sobre **Ortografia** (emprego das letras, acentuação, emprego do hífen e pronúncia correta). O segundo, questões sobre **Morfologia** (flexão dos substantivos e adjetivos, conjugação verbal, formação de novas palavras). O terceiro, questões sobre **Sintaxe** (regência, concordância, crase, etc.). O quarto, finalmente, é totalmente dedicado à **Pontuação**.

Sempre que, para fins de análise ou de comparação, foi preciso escrever uma forma **errada**, ela foi antecedida de um **asterisco**, segundo a praxe de todos os modernos trabalhos em Linguística (por exemplo, "o dicionário registra **obcecado**, e não ***obscecado** ou ***obsecado**"). O que vier indicado entre duas barras inclinadas refere-se exclusivamente à pronúncia e não pode ser considerado como uma indicação da forma correta de grafia (por exemplo: **afta** vira, na fala, /**á-fi-ta**/).

Cláudio Moreno, 2010

Falar e escrever

A escrita é muito mais pobre que a fala

A relação entre quem fala e quem ouve é muito mais simples que a relação entre quem escreve e quem lê. Quando falamos, somos mais facilmente entendidos do que quando escrevemos, porque, junto com as palavras pronunciadas, fornecemos também a nosso ouvinte várias indicações de como ele deve processar o que estamos dizendo. A entonação, o ritmo, as pausas que fazemos, além de nossos gestos e de nossas expressões faciais, servem, na verdade, como uma espécie de manual de instruções sobre como esperamos ser compreendidos.

Além disso, a presença do ouvinte também contribui em muito para o sucesso de nossa comunicação, pois ele emite sinais de que está acompanhando nosso discurso ou de que algo não está lhe parecendo muito claro, dando-nos, assim, a oportunidade de refazer ou reforçar o que estávamos dizendo.

Na escrita, nada disso existe. O leitor está sozinho diante daquilo que escrevemos. Nosso texto, ao contrário de nossa voz, não vem carregado das ênfases ou das sutilezas de tom que fazem parte da fala. Ele se materializa apenas como letras e sinais que distribuímos organizadamente no branco do papel, na esperança de que o leitor possa compreender o que pensamos ter escrito.

I – O leitor colabora

É por isso que a leitura jamais será uma atividade passiva, pois precisamos colaborar no esforço de extrair o significado do texto. Para compreender uma frase, colocamos em ação o nosso mecanismo de processamento de linguagem; em geral, escolhemos um dos caminhos a que estamos habituados e vamos percorrê-lo até perceber que não há saída – isto é, até perceber que nossa escolha foi equivocada. Quando (e se) isso chegar a ocorrer, nós – que, como todo leitor, somos solidários com o autor – trataremos de refazer o caminho do ponto em que tinha começado o equívoco. Veja a frase abaixo:

(1) **Enquanto ele fotografava o macaco derrubou o tripé com a cauda**.

Nossa primeira tendência é considerar "**enquanto ele fotografava o macaco**" como um segmento unitário:

(2) **[Enquanto ele fotografava o macaco]** derrubou o tripé com a cauda.

No entanto, ao prosseguir na leitura, percebemos que **macaco** não é o complemento de **fotografar**, mas sim o sujeito de **derrubou**; voltamos atrás e refazemos, então, a leitura, desta vez na forma correta:

(3) **[Enquanto ele fotografava]** o macaco derrubou o tripé com a cauda.

Todo esse trabalho seria evitado se o autor já tivesse usado uma vírgula para sinalizar a segmentação correta:

(4) Enquanto ele fotografava, o macaco derrubou o tripé com a cauda.

Precisamos admitir que a presença de elementos como **macaco** e **cauda** nos permitiria entender a frase mesmo que ela estivesse sem pontuação – ou, o que é ainda pior, mesmo que estivesse com pontuação errada –, mas fica claro que a presença da vírgula no local adequado tornou a leitura muito mais **rápida** e mais **fluida**, exigindo menos esforço de processamento. Esta é, como veremos, a única (e preciosa) função dos sinais de pontuação: **orientar o leitor para a melhor maneira de percorrer os textos que escrevemos**.

Embora sejam poucos os brasileiros que estão preocupados com a pontuação – como você, que lê este livro –, ela exerce uma inegável influência no momento da leitura. As pessoas podem não saber muito bem onde ou por que empregar as vírgulas, mas vão perceber a diferença se o texto estiver (ou não) bem pontuado.

2 – O texto é uma estrada a percorrer

Nada é mais parecido com a pontuação do que o sistema de sinalização de uma estrada. Imagine, caro leitor, que deram a você a incumbência de sinalizar uma estrada novinha em folha, ainda sem uso. Por enquanto, ela é apenas uma extensa faixa de asfalto liso, sem manchas ou buracos, que vai de um ponto a outro do estado; quando for inaugurada, no entanto, deverá estar completa, com as faixas pintadas no seu leito e com todos os sinais e placas necessários espalhados ao longo da via. Então você a percorre várias vezes, nos dois sentidos, estudando-a com cuidado, assinalando em sua planilha todos os pontos que lhe parecem significativos. Você sabe que a tarefa que lhe deram é vital para o motorista que vai passar por ali, pois é através da sinalização que a estrada fala com ele, avisando-o de tudo aquilo que ele precisa saber para fazer uma viagem segura (aliás, este é o principal motivo pelo qual as autoridades de trânsito exigem que o condutor seja alfabetizado: ele precisa **ler** o que a estrada tem a dizer).

Vamos supor – já que estamos fazendo um exercício de imaginação – que você então apresente a seu supervisor a planilha em que marcou os pontos em que pretende colocar cada sinal de trânsito. "Por que estas quatro placas tão próximas?", pergunta ele, apontando para determinado trecho. Como você fez um exame minucioso da estrada, pode justificar sua decisão: "Aqui há uma forte curva para a direita, mas eu não notei que o ângulo era tão acentuado até entrar nela; se eu não estivesse rodando devagar, não teria conseguido controlar o carro! Acho que o motorista deve ser avisado bem antes, com tempo suficiente para diminuir a velocidade e se preparar para a manobra. É muito perigosa, e por isso vamos colocar quatro placas indicativas, de 100 em 100 metros, antes daquela que assinala ponto exato em que a curva inicia". "E uma só não basta?". Você é taxativo na resposta: "Não; não podemos correr o risco de que um motorista distraído deixe de receber esta mensagem ou não lhe dê a atenção que ela merece; quem entrar naquela curva na velocidade normal da estrada vai fatalmente rolar barranco abaixo".

Se você for justificando, uma a uma, as placas que pretende colocar, vai perceber que elas obedecem a uma lógica muito simples: **tudo o que não for previsível para o motorista deverá ser assinalado ao longo do trajeto**. Você vai avisá-lo que existe, à frente, um estreitamento na faixa da direita, ou uma escola rural (com a natural movimentação de crianças na hora da entrada e da saída), ou um desnível entre a pista e o acostamento, ou um trecho que não oferece visibilidade suficiente para ultrapassagem, etc. Se você for um bom engenheiro de trânsito, vai, inclusive, **prever** possíveis reações dos condutores. É por isso que extensos trechos em linha reta, com ampla visibilidade, embora favoreçam uma rodagem extremamente segura, geralmente recebem dois tipos de placas: por um lado, as que lembram a velocidade máxima permitida; por outro, as que aconselham o condutor a descansar no acostamento em caso de sonolência.

Antes de liberar a estrada para o público, você pode pedir a dois ou três técnicos amigos que testem a sinalização que você concebeu; é possível que ainda seja necessário acrescentar mais alguma coisa. Por exemplo, você não tinha notado que determinado trecho fica escorregadio em dias de chuva, ou que, durante a semana, há trânsito intenso de caminhões no entroncamento da via principal com um desvio que leva a uma pedreira – e assim por diante. Quanto mais bem sinalizada a estrada, mais segura será a viagem.

Pois o texto, exatamente como a estrada, é uma linha que deve ser percorrida de um ponto a outro. Entre o leitor e o autor existe a mesma combinação tácita que existe entre o motorista e o construtor da estrada: "Vou ler o seu texto, mas, em troca, você não deixará de me avisar de tudo aquilo que eu preciso saber para ter sucesso nesta leitura". Quanto mais bem pontuada uma frase ou um texto, maiores as chances de que a mensagem seja entendida pelo leitor tal como o autor a idealizou. Aqui entram os sinais de pontuação, os quais, como você já terá percebido, equivalem às placas e aos sinais da rodovia e, como estes, devem ser usados também para assinalar tudo o que for inesperado ou imprevisível na estrutura normal de nossa língua. O princípio básico é cristalino:

> **Frase normal não tem vírgula;
> frase que tem vírgula não é frase normal.**

A pontuação assinala modificações introduzidas nos padrões normais da frase; por causa disso, jamais um sinal de pontuação poderá interromper um vínculo sintático essencial – ou seja, como explicava Celso Pedro Luft, jamais haverá pontuação separando o sujeito do verbo, o verbo de seus complementos, o termo regente do termo regido, o termo modificado do seu modificador.

3 – Como é a frase normal?

A frase normal da língua portuguesa segue preferencialmente o padrão S–V–O (Sujeito–Verbo–Objeto). Esta é a ordem presente na maior parte das frases que lemos ou ouvimos: primeiro o sujeito, depois o verbo e, por fim, o complemento. Estamos tão habituados a essa ordem que temos tendência inconsciente a aplicá-la sempre que vamos ler uma frase escrita por outra pessoa.

Se atribuirmos números às posições sintáticas da frase normal, diríamos que o **sujeito** ocupa a casa 1, o **verbo** ocupa a casa 2, e a casa **3** é ocupada pelos **complementos** (objeto direto ou indireto) ou pelo **predicativo**. A partir dessas casas, podemos fazer uma classificação básica dos verbos de nosso idioma (note que os verbos intransitivos têm a casa 3 desocupada):

S	V	Ø	(intransitivos)
S	V	ODir	(trans. diretos)
S	V	OInd	(trans. indiretos)
S	V	ODir + OInd	(trans. dir. e indir.)
S	VLig	Predicativo	(verbos de ligação)
casa 1	casa 2	casa 3	

Além disso, qualquer uma dessas frases pode trazer no final – naquela que seria, portanto, a casa **4** – um ou vários **adjuntos adverbiais**, elementos que especificam as circunstâncias em que se dá a ação descrita na frase – geralmente o **tempo**, o **lugar** ou o **modo**:

O menino esqueceu o casaco [no banco da praça].

Todas as anotações desapareceram [misteriosamente].

Você vai devolver a minha chave [agora mesmo].

Essa é a ordem canônica do Português escrito. Nós nos habituamos com essa ordem de tal maneira – seja escrevendo, seja lendo – que já nem mesmo temos consciência dela, assim como o peixe não percebe a água que o sustenta. Quando lemos o texto de outra pessoa, a tendência natural é aplicar o padrão sujeito–verbo–complemento nas frases que temos diante dos olhos – e esperamos que nos avisem, por meio da pontuação, cada vez que houver um desvio dessa ordem básica.

Examinemos uma frase normal, com verbo transitivo direto e indireto:

O lavrador	devolveu	o anel	à princesa	no dia do casamento.
S	V	O.D.	O.I.	Adj. Ad

Como o padrão frasal não sofreu alteração alguma, qualquer vírgula que pusermos nessa frase estará ERRADA. Pior ainda: este sinal inadequado vai perturbar a concentração do leitor, pois ele – como todos nós, aliás – está condicionado a levar a sério, em princípio, todos os sinais que o autor coloca no texto. O uso incorreto dos sinais de pontuação confunde o leitor e aos poucos o irrita; ninguém gosta de parar uma leitura e retroceder no texto para retomar o fio do raciocínio – especialmente se esta interrupção for causada por falta de cuidado do autor.

Agora, se intercalarmos qualquer elemento **entre** o sujeito e o verbo, ou **entre** o verbo e os seus complementos, as vírgulas começam a aparecer naturalmente:

O lavrador, **meus amigos**, devolveu o anel mágico à princesa no dia do casamento.

O lavrador devolveu, **você sabe**, o anel mágico à princesa no dia do casamento.

Além da **intercalação**, outra anormalidade frequente em nossas frases é o simples **deslocamento**. No exemplo acima, o **adjunto adverbial** poderia ser deslocado, fazendo as vírgulas surgirem automaticamente:

No dia do casamento, o lavrador devolveu o anel mágico à princesa.

4 – O leitor é que importa

Da Grécia antiga até hoje, numa jornada de dois mil e quinhentos anos, o Ocidente veio amadurecendo o sistema de pontuação que utilizamos. Para quê? Para fornecer ao leitor uma orientação segura de como pretendemos que ele interprete o que escrevemos e, ao mesmo tempo, deixar o texto balizado de tal modo que essa leitura seja feita com o menor esforço possível.

Jamais devemos esquecer, portanto, que os sinais que colocamos em nossos textos estão ali **para ser vistos pelos olhos do leitor**, para avisá-lo de alguma coisa. Se os colocarmos nos lugares adequados, vamos ajudar o destinatário a processar confortavelmente nossa mensagem e a extrair dela o significado que tínhamos em mente ao escrevê-la. É por isso que só pontuam bem aqueles que conseguem se colocar na mente de quem vai lê-los, isto é, aqueles que conseguem ler seu próprio texto com os olhos de outrem para se antecipar a suas possíveis dificuldades e hesitações. Esta é uma habilidade que se adquire com tempo e treinamento; se você ainda não a domina, use o antiquíssimo expediente de recorrer a um amigo, colega ou parente – em suma, um leitor real – que seja paciente e solidário o bastante para examinar o seu texto, mas sincero o suficiente para assinalar os pontos em que encontrou dificuldade.

Princípios gerais

A pontuação nos dicionários

*Professor, o senhor afirmou, num artigo, que a função dos sinais de pontuação **não** é marcar as pausas da leitura. Como é que se explica que tanto o dicionário **Aurélio** quanto o **Houaiss** definam **vírgula** como um sinal que "marca pausas"? E aí? Por acaso o senhor sabe mais do que eles?*

Aphonse G. – São Luís (MA)

Meu caro Aphonse, o fato de defender uma posição diferente da posição deles não significa qualquer pretensão de minha parte. Os dois dicionários que você menciona, especialmente o segundo, são exatamente as fontes em que todos os dias vou beber; estou tão acostumado a conviver com eles que não sei como poderia trabalhar se, para meu desamparo, algum feitiço maligno os fizesse desaparecer subitamente.

Isso não quer dizer, no entanto, que eu não discorde, aqui e ali, de certas opiniões que esses autores manifestam em seus dicionários quanto à grafia, à morfologia e à origem de algumas palavras. Nos três volumes anteriores do **Guia Prático**, você vai encontrar diversos exemplos dessas divergências, sempre fundamentadas, é claro, na prática dos bons escritores e na teoria defendida por outros grandes mestres do idioma.

A meu ver, o calcanhar de Aquiles desses dois excelentes dicionários é a **teoria gramatical** em que eles se baseiam, nem sempre em sintonia com os avanços já consolidados pelo mundo acadêmico. Dito sem maiores rodeios, Aurélio e Houaiss, embora brilhantes lexicólogos, não eram lá muito atualizados em Linguística, e somos obrigados a reconhecer que muitos de seus conceitos são antiquados. Em regência, ainda utilizam a classificação de verbo **bitransitivo**, abandonada desde 1958; na composição de palavras, não distinguem os compostos por formas **presas** (**telegrafia**, **sociologia**) dos compostos por formas **livres** (**tele-conferência**, **sócio-cultural**); na pontuação, como você percebeu, preferem alinhar-se com a antiga concepção que ligava os sinais a pausas, deixando de lado a teoria moderna de que esses sinais, na verdade, existem para auxiliar o leitor a enxergar a articulação sintática do texto.

A vírgula não existe para marcar pausas

Professor, faz mais de quarenta anos que deixei a escola, mas sou agradecido aos padres que me ensinaram Português. Uso até hoje, com sucesso, os ensinamentos que me deram, mas na pontuação sempre dá alguma coisa errada. Sempre que escrevo, ainda tenho o hábito de ler a frase em voz alta mental e colocar vírgula onde faço as pausas, mas minha filha, que revisa todas as minhas cartas, diz que eu pontuo muito mal. Mudaram as regras que aprendi?

Agenor R. – Juiz de Fora (MG)

Meu caro Agenor, houve mais que uma simples mudança na regra; o que ocorreu foi uma mudança radical na concepção dos motivos para pontuar. A pontuação baseada nas pausas vem do tempo da Idade Média, quando o Ocidente ainda não havia introjetado o hábito da leitura silenciosa. Todos liam em **voz alta**, e os sinais de pontuação serviam, portanto, para marcar as pausas e as entonações. Para você ter uma ideia, em 1737, o tratado *Bibliotheca Technologica*, do erudito inglês Benjamin Martin, tenta ingenuamente fixar a duração dessas pausas: "A pausa da vírgula dura o tempo que você leva para dizer **um**. A do ponto-e-vírgula dura o tempo de contar até **dois**. A do dois-pontos, o tempo de contar até **três**; e a do ponto final, o tempo que você leva para contar até **quatro**".

À medida que a leitura passou a ser silenciosa (e, por esse motivo, muito mais rápida), deixou de ser necessário fazer a marcação das pausas, liberando a pontuação para outra finalidade muito mais importante: facilitar ao leitor o reconhecimento instantâneo da estrutura sintática das frases. Ao pontuarmos um texto, estamos fornecendo indicações que vão permitir a nossos diferentes leitores percorrê-lo sem hesitações ou embaraços.

Se tomarmos um parágrafo pontuado de acordo com o antigo critério das pausas e o pontuarmos pelo critério moderno, vários sinais que estavam na versão antiga vão aparecer na nova versão – **mas não todos**. A pontuação antiga sempre vai ter algumas vírgulas **a mais**, o que é natural, já que nem todas as pausas que fazemos ao falar, a fim de separar os segmentos naturais da frase, serão assinaladas na escrita. Aposto que você terá de fazer no mínimo **duas pausas** para ler em voz alta a frase abaixo:

> O vizinho da casa defronte à minha ensaia intermináveis solos de saxofone no meio da madrugada.

No entanto, como você já deve ter pressentido, aqui não cabe vírgula alguma, já que ela tem a configuração típica da maioria das frases do Português: um sujeito ("O vizinho da casa defronte à minha"), um verbo ("ensaia") seguido de seu complemento ("solos de saxofone") e de um adjunto adverbial ("no meio da madrugada"). Se você recebeu uma boa base no colégio, como acredito, certamente lhe ensinaram análise sintática, o que vai facilitar muito sua passagem para o novo sistema.

Para que serve a pontuação?

No começo, os sinais de pontuação tinham a função básica de assinalar as **pausas** recomendadas pelo autor. Nada mais lógico, se lembrarmos que, da Antiguidade Clássica até o fim da Idade Média, praticamente só se lia em voz alta; a leitura silenciosa era quase desconhecida e, como se vê em comédias gregas e romanas, considerada um hábito de malucos e excêntricos. A partir do Renascimento, contudo, com a invenção e a popularização da imprensa, os hábitos do leitor mudaram radicalmente: ele passou a ler apenas com os olhos e com o cérebro, aumentando espantosamente a velocidade com que podia percorrer as linhas e as páginas. O treinamento escolar passou a dar ênfase absoluta para essa leitura internalizada, tornando a leitura em voz alta uma habilidade especializada, dominada por poucos. Nesse novo cenário, era natural que também a pontuação recebesse uma nova função: a de assinalar, para o leitor, **os momentos em que a estrutura da frase se afasta da ordem a que todos nós estamos habituados**.

Hoje ainda persiste a ideia – totalmente equivocada – de que as pausas da fala são assinaladas, na escrita, pelos sinais de pontuação. Basta ver a descrição que nossos melhores dicionários fazem dos sinais de pontuação (o **Houaiss**, por exemplo, define o ponto-e-vírgula como "sinal de pontuação que indica pausa mais forte que a da vírgula e menos que a do ponto"!).

É verdade que, ao lermos um texto em voz alta, teremos de fazer pausas ao encontrarmos os sinais de pontuação; contudo, o **inverso não é verdadeiro**: nem todas as pausas que fizermos na leitura terão, na escrita, seus sinais correspondentes. Colocado em termos formais, podemos afirmar que não há correspondência exata entre os sinais de pontuação e as pausas da leitura, porque **todo sinal implica uma pausa, mas nem toda pausa tem o seu sinal correspondente.**

[Extraído de Português para Convencer, de Cláudio Moreno e Túlio Martins. São Paulo, Ática, 2006.]

Vírgula com sujeito posposto

*Prezado professor: em frases como "informa aquela seção que" e "deixa claro tal dispositivo legal que", é **desnecessário**, **opcional** ou **obrigatório** destacar o sujeito por vírgulas, já que está posposto ao verbo?*

Gustavo E. – Maceió

Meu caro Gustavo: na pontuação moderna, usada em quase todos os países do Ocidente, não se assinala com vírgula a posposição do sujeito ao verbo, já que essa é a segunda posição natural que ele costuma ocupar na frase. A pontuação só vai ser necessária quando houver deslocamentos e intercalações mais radicais (adjuntos adverbiais deslocados, vocativos, etc.). Nos exemplos enviados por você, essa vírgula não é **desnecessária**, nem **opcional**, nem **obrigatória**: ela é totalmente **desaconselhável**.

Vírgula com sujeito posposto – o retorno

*Olá, professor Moreno! Na resposta a um leitor de nome Gustavo [ver pergunta anterior], o senhor observou que não é necessário assinalar com vírgula **a posposição do sujeito ao verbo**, já que essa é a segunda posição natural desse termo, e que só precisamos pontuar quando houver deslocamentos e intercalações mais radicais, como é o caso de um vocativo ou de um adjunto adverbial deslocado. Minha pergunta é a seguinte: por que o sujeito colocado **à direita do verbo** (fora, portanto, de sua posição habitual, que seria no início do período) não é isolado por vírgula em construções em que a frase se torna ambígua? Para ver a diferença, basta comparar "**Por que atacam os iraquianos?**" e "**Por que atacam, os iraquianos?**". O que o senhor tem a dizer?*

Denis R. – Pelotas (RS)

Meu caro Denis, sua pergunta revela que você ainda está no grupo (numerosíssimo, aliás) dos que pensam que as regras de **pontuação** têm o mesmo caráter das regras de **acentuação**, por exemplo. Pois, acredite, são coisas muito diferentes. Como já expliquei no *Guia Prático 1*, a **acentuação** é pão, pão; queijo, queijo: o sistema define, de forma clara, as condições para que determinados tipos de vocábulos recebam acento gráfico, e essas regras valem para os vocábulos que já existem e para os que ainda não foram criados, sem choro e sem exceção. A **pontuação** é diferente: em vez de **regras**, ela tem um **princípio** fundamental – ajudar o leitor a processar rápida e corretamente o que está escrito –, e dele decorre uma série de procedimentos que a prática (não uma comissão de acadêmicos ou de gramáticos) veio refinando ao longo dos séculos.

Como os **sinais** existem para **assinalar** alguma coisa (não pode haver etimologia mais transparente!), só devemos usá-los nos locais em que o leitor precisa ser avisado de que algo diferente está acontecendo. Com isso, evitamos que ele perca o fio da meada e asseguramos que ele faça uma viagem confortável ao longo de nosso texto – o que só virá em nosso benefício, já que é para isso que escrevemos. Quanto mais segura for a nossa pontuação, mais aumentará a confiança que o leitor deposita em nós, e mais fluente e prazerosa será sua leitura. Por outro lado, se começarmos a assinalar o que não é necessário, deixaremos o leitor inseguro, levando-o a desconfiar de todos as nossas vírgulas, mesmo as que estão corretas.

É por causa disso que não separamos por vírgula os elementos que estão vinculados sintaticamente. Uma vírgula entre o **sujeito** e o seu **verbo**, ou entre o **verbo** e o seu **complemento**, é considerada **errada** porque essas são sequências naturais de nossa língua que não devem ser interrompidas por pontuação alguma. Um sinal colocado nesses lugares é semelhante a um rebate falso, que só serve para atrapalhar o leitor e desviar sua atenção, fazendo-o perder tempo em analisar a frase para ver se descobre o que a vírgula estaria sugerindo.

Como você já deve ter percebido, todos esses cuidados fazem parte de um verdadeiro jogo de sedução que se estabelece entre aquele que deseja ser lido e o seu possível leitor. No entanto, devemos estar prontos a abandonar tudo isso quando pressentirmos que o **sentido** do texto, que é sua única razão de existir, está sendo ameaçado. Nada é mais importante do que ele; é um valor que deve ser preservado acima de qualquer outro. Este é um daqueles casos em que, como diz Camões, "outro valor mais alto se alevanta" – ou seja, deixamos de lado o princípio geral da pontuação e vamos atender a emergência. A vírgula colocada em "Por que atacam, os iraquianos?" é a única garantia de que não vamos tomar **iraquianos** por um objeto direto, e deve ficar onde está, mesmo que esteja separando o sujeito posposto. Os que não gostarem do efeito devem, então, mudar a ordem da frase para "Por que os iraquianos atacam?" – como, aliás, eu faria e recomendaria que todos fizessem o mesmo.

A pontuação nos escritores

*Professor, estou lendo o livro **Ensaio Sobre a Lucidez**, de José Saramago. É o quinto livro que leio do autor e penso que sua maneira de escrever é no mínimo curiosa. Não imagino que ele escreva de modo "errado"; jamais poderia afirmar isso e penso que, mesmo não utili-*

zando os pontos de exclamação, interrogação, travessões, e pouco utilizando o ponto final, seus textos são completamente compreensíveis e o estilo certamente me causa extremo prazer. Apenas gostaria de saber as suas considerações sobre o texto dele, mais especificamente sobre a pontuação.

Luiz Henrique T. – Canoas (RS)

Meu caro Luiz, Jorge Luis Borges já expressou, há muito tempo, o que penso sobre isso: o Ocidente precisou de mais de dois mil anos para chegar a um sistema de pontuação coerente e universal; contrariá-lo, como faz Saramago, representa uma involução desnecessária e sem sentido. É claro que os poetas muitas vezes subvertem a pontuação e a estrutura para obter alguma vantagem expressiva com isso – no que estão cobertos de razão. Agora, o que a prosa de Saramago ganha com essa pretensa "inovação"? Nada que a justifique. Eu me arrisco a dizer, inclusive, que podemos apreciá-lo **apesar** (e não "por causa") da pontuação que emprega.

A bem da justiça, friso que ele não foi o primeiro (nem será, infelizmente, o último) a se afastar da pontuação tradicional. Alguns escritores acreditam, ao que parece, que essa atitude de "rebeldia pontuacional" vai acrescentar uma força maior à linguagem com que se exprimem. Esquecem que a pontuação atualmente consagrada é um sistema muito útil e eficiente, que foi aperfeiçoado e polido pela interação dos escritores e dos leitores de todos os pontos do Ocidente, ao longo de muitos séculos – e que na base de toda essa construção está o pressuposto essencial de que os sinais só têm utilidade quando os dois lados envolvidos no processo (quem escreve e quem lê) atribuem a eles o mesmo valor.

Compreendo que você não queira imaginar que ele escreva "errado", mas espero que isso não o leve a pensar que ele sempre escreve "certo". Ele não é um mestre do idioma, como Camilo, Fernando Pessoa, Manuel Bandeira ou Drummond; na verdade, a cultura linguística do nosso prêmio Nobel nunca teve nada de excepcional, se você quer saber. De vez em quando, para me certificar de que não estou cego para as qualidades da obra de um autor aplaudido por tantos, leio uma página do Eça e depois leio uma página dele (ou ao contrário, tanto faz): a comparação, até agora, sempre foi constrangedora.

Como posso indicar uma pausa na fala?

*Qual o sinal gráfico que devemos utilizar para indicar que existe uma pausa na conversa de alguém? Por exemplo, como indicar que uma pessoa começou a falar de um assunto, fez uma **pausa** e, em seguida, voltou a falar de novo, possivelmente em outro tema? Posso usar (...), isto é, reticências entre parênteses?*

André Vieira – Juazeiro (CE)

Prezado André: já não se defende, tecnicamente, a ideia de que os sinais de pontuação existem para indicar pausas. Hoje eles são vistos como poderosos auxiliares sintáticos; sua função é assegurar que meu leitor vá reconhecer, sem sobressaltos, a sintaxe da frase que escrevi. Para indicar pausas em diálogos, os escritores fazem de tudo um pouco, já que a linguagem escrita é paupérrima – quase impotente, dizem alguns – para reproduzir as pausas, entonações, hesitações, mudanças de tom, de timbre, etc., que a fala usa com tanta riqueza. Alguns simplesmente incluem a pausa na própria narração:

"Blá, blá, blá." **Pausa**. "Blé, blé, blé."
"Blá, blá, blá." **Fulano fez uma pausa, enquanto olhava pela janela.** Continuou: "Blé, blé, blé."

Alguns autores usam **reticências** para esse fim, mas sempre há o risco de que o leitor as tome como indicadores de ironia, hesitação ou embaraço. No exemplo abaixo, de Machado de Assis, não há dúvida de que as reticências no final da primeira frase assinalam a interrupção da fala do personagem; na segunda, contudo, a interpretação fica em aberto:

– Abandoná-lo ao desprezo, porque o senhor é um...
– Um... quê?

Outros preferem intercalar detalhes que dão ao leitor a sensação de que a pausa ocorreu:

"Blá, blá, blá." **Fulano parou, nervoso, procurando as palavras mais adequadas. Já fazia muito tempo que eles não se viam**. "Blé, blé, blé."

"Blá, blá, blá." "Blé, blé, blé." **Seu interlocutor olhava-o, incrédulo. O que significaria aquela pausa entre o último "blá", tão sofrido, e o primeiro "blé"?**

Em situações especiais, como depoimentos, registros de experiências, entrevistas psicológicas, etc. – textos em que é fundamental a descrição detalhada tanto do QUE foi dito quanto de COMO foi dito –, parte-se então para o explícito, sem maiores escrúpulos:

"Blá, blá, blá." [**o paciente para de falar por alguns segundos e olha a parede; em seguida, recomeça, no mesmo tom, embora mude radicalmente o assunto**] "Blé, blé, blé."

Como você pode ver, André, cada um se defende como pode. A tarefa é inglória, dada a descomunal diferença que existe entre a riqueza da fala e a relativa pobreza da escrita. Quanto às reticências entre parênteses, reserve-as para indicar, numa citação, que houve o corte de alguma parte do texto original.

Vírgula depois de sujeito oracional

> *Existe algum caso na língua portuguesa em que se separa o SUJEITO do PREDICADO por vírgula? Vejo esse erro com frequência, até mesmo em veículos da grande imprensa; sempre achei que se tratava de um equívoco, mas fiquei em dúvida quando li a seguinte frase em um artigo escrito pelo senhor sobre os nomes dos países latino-americanos: "Só sei que naquela época esta era a regra do jogo – quem domina e coloniza, dá o nome". "**Quem domina e coloniza**" e "**dá o nome**" não são, respectivamente, SUJEITO e PREDICADO da frase?*

Guilherme Netto – Paris (França)

Sim, Guilherme, está correta sua análise da frase que escrevi, assim como também é verdade que não se deve colocar, na pontuação moderna, uma vírgula entre o sujeito e o predicado. No entanto, como já frisei várias vezes, esta regra de pontuação é mais um **conselho** do que uma **regra** propriamente dita. Ela não tem, como as regras de **acentuação**, aquela obrigatoriedade que não admite divergências, e haverá casos, como este, em que é necessário (ou aconselhável) contrariá-la deliberadamente a fim de tornar a leitura mais fluente.

O princípio geral é muito simples: como devemos reservar a vírgula para assinalar tudo aquilo que foge à normalidade sintática, é evidente que não há razão para separar o sujeito do verbo, nem o verbo de seu complemento, já que esta é a ordem canônica da frase no Português. Todavia, quando o sujeito for **oracional** (representado por uma oração subordinada **substantiva**), os bons escritores empregam, muitas vezes, uma vírgula para assinalar com maior clareza o fim do bloco do sujeito. Em Machado encontramos tanto exemplos **sem** vírgula ("**Quem não viu aquilo** não viu nada"; "**Quem for mãe** que lhe atire a primeira pedra") quanto **com** vírgula ("**Quem perde uma das metades**, perde naturalmente metade da existência"; "**Quem viesse pelo lado do mar**, veria as costas do palácio, os jardins e os lagos..."; "**Quem morreu**, morreu"). Um excelente exemplo pode ser encontrado em Vieira: "...ninguém se atreva a negar que **tudo quanto houve**, passou, e **tudo quanto é**, passa". Não podemos negar que a vírgula que foi empregada nos exemplos acima apenas veio **facilitar** o trabalho de processamento da frase; se ela fosse inadequada, ocorreria o efeito oposto. Foi certamente por isso que os nossos literatos sempre consideraram **facultativa** a vírgula nesta posição.

Num breve passeio pelo mundo dos provérbios portugueses, há muitos exemplos em que esta vírgula, embora possível, pode ser dispensada: "Quem avisa amigo é"; "Quem bate no cão bate no dono"; "Quem dá o mal dá o remédio"; "Quem quer o fim quer os meios", "Quem não deve não teme". Ela passa a ser muito **útil**, no entanto, nos casos de construção paralela, em que o verbo da oração substantiva é seguido imediatamente pelo verbo da oração principal: "Quem quer, faz; quem não quer, manda". "Quem sabe, faz; quem não sabe, ensina". "Quem procura, acha; quem guarda, sempre tem". "Quem não faz, leva". Agora, se o verbo for **idêntico** nas duas orações, esta vírgula passa a ser **indispensável**: "Quem deu, dará; quem pediu, pedirá". "Quem vai, vai; quem fica, fica". "Quem sabe, sabe". "Quem pode, pode" – isso sem falar naqueles casos em que a forma verbal pode se confundir com um **substantivo** homógrafo, criando-se uma ambiguidade que a vírgula desfaz imediatamente: "Quem quiser, **peça**"; "Quem ama, **cobra**"; "Quem teme, **ameaça**"; "Quem deseja, **casa**" (não se trata de alguém que "quer peça", ou "ama cobra", ou "teme ameaça", ou "deseja casa").

Aqueles que protestam contra essa flexibilidade demonstram que não compreenderam que a razão de ser da pontuação é o **leitor**. Não se trata, aqui, de voltar àquela antiga visão de pontuação subjetiva, submetida ao simples capricho de quem escreve; bem pelo contrário: a finalidade exclusiva dos sinais de pontuação é **orientar o leitor no trabalho de decodificar as frases que escrevemos**. Tudo que contribuir para isso será bem-vindo (e vice-versa).

Separar o sujeito do predicado?

*Caro prof. Cláudio Moreno, a regra que proíbe a vírgula entre sujeito e predicado não tem exceção? Por exemplo, em **A vida é sonho**, de Calderón de la Barca, lemos, no original: "La vida es sueño, e **sueños, sueños son**" (em Português, "e sonhos, sonhos são"). Aquela vírgula depois de **sonhos** não teria aí a função de uma pausa estilística, de realce? Ou aquela regra não admite nunca exceção? Desde já agradecido!*

Bruno C. – São Paulo

Caro Bruno, não existe uma regra que **proíba** a vírgula entre o sujeito e o predicado, mas sim uma **recomendação** veemente por parte dos professores e gramáticos de todo o país. Como a escola, por sua participação fundamental na engenharia da sociedade, precisa atingir o maior número de corações e mentes, sempre procurou inculcar em seus alunos os princípios que são aplicáveis à maioria das situações. As regras que nossas professoras nos ensinaram para escrever bem e corretamente não resistem a um exame mais aprofundado sob a luz da moderna teoria linguística; na verdade, não passam de **conselhos** práticos que devem ter sido úteis a milhões de estudantes brasileiros, mas que não podem ser tomados ao pé da letra, com o rigor que alguns pretendem atribuir a eles.

Por exemplo, naquelas redações brevíssimas (quinze, vinte linhas) que fazíamos na escola primária, a **repetição** de um vocábulo era considerada inaceitável por meus mestres – no que estavam certos, se levarmos em consideração a exiguidade dos nossos textos de então. Isso, no entanto, não justifica que, trinta ou quarenta anos depois, um marmanjo ainda considere a repetição um pecado mortal, obrigando-se a fazer mil rodeios para não usar várias vezes um mesmo vocábulo num artigo científico ou numa bula de remédio. Hoje eu sei que a qualidade mais valiosa de qualquer texto é a sua **clareza** e não hesito em repetir um vocábulo tantas vezes quanto julgar necessário para alcançar esse objetivo – mesmo que me lembre, cada vez que faço isso, da voz da minha professora, que já deve estar há muito tempo ao lado direito do Senhor, corrigindo a gramática dos anjos.

Assim também é essa pregação incessante contra pôr uma vírgula entre o sujeito e o predicado. **Não é uma regra**, como já disse, **nem tem valor absoluto**, como você mesmo percebeu no belíssimo exemplo do Calderón. Basta comparar a versão com vírgula – "**E sonhos, sonhos são**" – com a versão que seria, segundo alguns, a "correta" – "**E sonhos sonhos são**" – para ver que aquela vírgula é **decisiva** para a imediata compreensão do verso por parte do leitor.

Vírgula entre o sujeito e o verbo?

Professor Claúdio, nunca tive maiores problemas com a pontuação; no entanto, em uma reunião de professores na minha escola surgiu uma grande discussão quanto aos dizeres de um projeto de valorização da leitura que vamos desenvolver e divulgar. O texto diz assim:

*"A pessoa que não lê mal ouve, mal fala, mal vê". No meu entender, ficou faltando uma vírgula depois entre **lê** e **mal**, porém outros professores discordaram, alegando que não se separa o sujeito do predicado com vírgula. Assim, gostaria imensamente de saber sua opinião a respeito para que possamos divulgar o texto corretamente. Grata.*

Liliane C.

Prezada Liliane, aqui é exatamente onde bate o ponto: as regras de pontuação não passam de convenções (ou, quem sabe, meros conselhos?) que foram estabelecidas pelo consenso invisível de todos aqueles que escrevem. Os sinais de pontuação estão ali para que o **leitor** os veja; esta é, na verdade, a única razão para que eu os utilize: orientar o leitor, sinalizando para ele a interpretação que eu gostaria que ele extraísse do meu texto.

Quem escreve quer ser compreendido por quem vai lê-lo – e foi essa preocupação que nos levou a desenvolver, ao longo de dois mil anos, esse sistema de sinais que todo o Ocidente utiliza. Se para isso tivermos de contrariar uma dessas "regras", devemos fazê-lo sem medo e sem remorso, porque muito pior seria deixar o texto ambíguo ou confuso para o leitor.

Todos conhecemos o princípio de que não se deve usar vírgula entre os elementos **inseparáveis** da frase – entre o sujeito e o verbo, entre o verbo e seu objeto, entre o núcleo do sintagma e seus elementos periféricos. Isso **não é uma proibição**, mas sim uma decorrência óbvia do princípio geral de que uma frase só vai receber vírgula quando algo de diferente ocorrer em sua estrutura. Como vimos, **as frases normais não têm vírgula; as frases que têm vírgula não são normais.**

Os colegas que discordaram de você certamente estavam fazendo valer o princípio geral de não separar o **sujeito** ("a pessoa que não lê") do resto da frase. Ora, este é um excelente exemplo do que afirmei acima: ou seguimos a "regra", e deixamos na frase uma mancha de óleo que fará muitos leitores escorregarem – entendendo "a pessoa que não LÊ MAL" –, ou colocamos ali uma vírgula redentora, que termina com qualquer risco e permite que todos os leitores, já na primeira leitura, extraiam da frase exatamente o que vocês pretendiam dizer: "A pessoa que não lê, MAL OUVE, mal fala, mal lê".

Por que cometem esse erro?

Professor, vou morrer sem entender por que tanta gente ainda insiste em colocar vírgula entre o SUJEITO e o VERBO! Parece ironia: a regra mais óbvia é exatamente a que é mais desrespeitada! Não ensinam mais essas coisas na escola?

Leocádio J. – Uberlândia (MG)

Meu caro Leocádio, posso assegurar que a escola não tem culpa nenhuma. Não é por falta de aviso que os brasileiros cometem esse erro, pois todo professor de Português que conheço vive combatendo essa vírgula com a pouca energia que lhe resta. O segredo está, na verdade, na primeira parte da pergunta: por que alguém teria vontade de pôr uma vírgula bem naquele lugar?

A resposta é muito simples: o responsável por essa estranha mania foi o ensino da pontuação baseado nas **pausas**, que vigorou por muitos séculos e chegou, ao menos no Brasil, até a alegre década de 60, ainda no século XX. Já foi comprovada a espantosa influência que nossas primeiras professoras exercem sobre as crenças que teremos sobre a linguagem ao longo de nosso percurso para a Vida Eterna. Aquilo que ouvimos nas primeiras letras vai nos acompanhar pela vida afora – para o bem e para o mal –, e poucos são os que conseguem questionar os ensinamentos recebidos naquela tenra e feliz idade.

Ora, se perguntarmos a qualquer brasileiro onde fica a pausa mais acentuada da frase, ele vai apontar exatamente para aquele espaço privilegiado que separa o final do **bloco do sujeito** do início do **bloco do predicado**. Se você quiser testar, convença duas ou três pessoas a ler as frases abaixo em voz alta e preste atenção no local em que elas vão fazer uma pausa mais marcada:

Os quatro jogadores da Seleção **#** chegaram ontem a Barcelona.

O rato, o burro e o leão **#** resolveram firmar um pacto de amizade.

Posso apostar que todos os leitores farão a maior pausa bem onde eu pus o **#**. É evidente que não podemos pôr uma vírgula aí – mas são tantos os brasileiros que sucumbem a essa perigosa tentação que este é, sem dúvida, o nosso erro mais comum de pontuação. A culpa não é deles: formados que foram pela teoria que associava as **pausas** com os sinais de pontuação, acham muito natural pespegar ali aquela vírgula que todos condenamos – o que obriga os professores a lutar quotidianamente contra ela. Em outras palavras, é como se distribuíssemos caixas de fósforos a todos os macacos da floresta e passássemos o resto da vida a apagar os incêndios que nós mesmos provocamos.

Vírgula antes de "é"

Dileto professor, em um texto referente a uma promoção, escrevi "Para que possamos enviar seus prêmios, é necessário que você...". Um colega me corrigiu, alegando que (nas palavras dele) "exceto por algumas exceções, não utilizamos vírgula antes do verbo SER". Como a frase começa por uma oração adverbial deslocada, achei o uso da vírgula necessário ou, ao menos, facultativo. Eu estou certo, ou existe aquela famigerada regra citada pelo colega? Muito obrigado.

Matheus M. – Porto Alegre

Meu caro Matheus, você não deve dar ouvido a esse intrometido; quem diz "**exceto** algumas **exceções**" (!) não está na posição de dar conselhos... Em pontuação não existem, em princípio, **regras negativas**, como essa que ele foi buscar no reino da carochinha. Dito de outra forma, não há palavras específicas que possam "repelir" ou "atrair" os sinais. Pode haver vírgula antes do verbo **ser**, depois do verbo **ser** e até mesmo **antes** e **depois** do verbo **ser** – tudo vai depender da estrutura da frase. Por exemplo:

(1) Para o público em geral, **É** importante... (antes)

(2) O culpado **É**, como sempre, o mordomo. (depois)

(3) O pior cenário, a meu ver, **É**, sem dúvida, a guerra civil. (antes e depois)

Note que, nos três exemplos, o verbo SER não é responsável pelos sinais de pontuação, que estão onde estão por razões estruturais. No terceiro, você pode perceber que a frase básica é "O pior cenário é a guerra civil"; as vírgulas estão ali por causa das duas intercalações que fizemos, "a meu ver" e "sem dúvida".

Curtas

Nem tudo a pontuação pode representar

> Professor, tenho dificuldade de colocar no texto certos sentimentos que eu gostaria de expressar. Por exemplo, ao escrever um e-mail, gostaria que a destinatária percebesse que uma determinada frase que escrevi sobre ela está sendo "pronunciada" com um suspiro profundo. Posso indicar isso com colchetes ou parênteses?
>
> Leonardo D.

Suspiro profundo? Não existe pontuação para representar isso, Leonardo. Não se esqueça jamais de que os sinais precisam ser decodificados pelo leitor, o que restringe o seu uso a pouquíssimas situações consagradas. Nossa intenção não conta se o leitor não puder identificá-la. Portanto, você vai ter, neste caso, de expressar com palavras, não com pontuação, o que pretende transmitir.

Vírgula entre o sujeito e o verbo

> Flodoaldo Jr. gostaria de saber se está correta a pontuação da frase "O suor derramado em treinamento, poupará o sangue derramado em combate".

É uma frase normal, sem inversões ou intercalações. Portanto, para que a pontuação fique correta, basta tirar aquela vírgula que está separando o **sujeito** do **verbo**: "O suor derramado em treinamento poupará o sangue derramado em combate".

Vírgulas de um convite

> No rascunho do convite redigido por Maria constam os seguintes dizeres: "É com gratidão a Deus e alegria no coração que os filhos Ana, Denise e Cláudio convidam para a cerimônia de Bodas de Ouro de seus pais". Ela quer saber se há vírgula antes do *que* e antes de *convidam*.

Deixe exatamente assim como está, Maria; a única vírgula admissível é exatamente a que você pôs entre "Ana" e "Denise". Agora, se aceita uma sugestão, eu eliminaria "filhos", vocábulo que ficou redundante (o texto já especifica que se trata das bodas "de seus pais"...): "É com gratidão a Deus e alegria no coração que Ana, Denise e Cláudio convidam para a cerimônia de Bodas de Ouro de seus pais".

Vírgulas e pausas não coincidem

> Professor, sempre tive dificuldade em entender o uso da vírgula. Faço pelo "achismo" mesmo,

pois a única coisa que sei é que usamos a vírgula quando queremos dar uma pausa na fala – e isso nem sempre funciona.

Vânia C.

Minha cara Vânia, aviso-a, desde já, de algo muito importante: a vírgula e os demais sinais **nada têm a ver com as pausas da fala**. Essa teoria está ultrapassada e, como você mesma verificou, não produz bons efeitos. Releia o que escrevi acima na página 25, procure uma gramática que explique a pontuação baseada na **sintaxe**, e nunca mais terá problemas de "achismo".

Vírgula depois do nome de autores

> Olá, Prof. Moreno! Em trabalhos científicos, costuma aparecer uma vírgula após o nome do autor nas referências feitas no próprio texto: "Vergara & Cardoso[36], relatam que a retinite é a doença mais comum causada pelo CMV, sendo responsável por 85% dos casos". Por que muitos orientadores fazem questão que se use essa vírgula, se ela está nitidamente separando o sujeito do verbo?

Myuki H. – Guarulhos (SP)

Prezada Myuki, confesso que não consigo acompanhar o raciocínio desses orientadores. Por que cargas d'água alguém exigiria uma vírgula tão claramente supérflua? Sabemos que ali onde ela está – bem no lugar em que passa a linha que separa o bloco do sujeito do bloco do predicado –, costumamos fazer uma pausa bem marcada na fala, mas também sabemos que essa pausa não pode ser assinalada por vírgula, sob pena de interrompermos a ligação entre o sujeito e o seu verbo. Examinei com cuidado o exemplo, virei-o do avesso, raspei o texto com um canivetinho, para ver se não havia nada escondido, e nada! Por mais que me esforce, não consigo encontrar uma razão para essa exigência descabida – descabida e perigosa, porque, dependendo da sequência da frase, pode sugerir ao leitor uma estrutura sintática diferente daquela que o autor tinha em mente. Se eu encontrasse, por exemplo, "Vergara & Cardoso, mostram os resultados da pesquisa...", aquela vírgula me faria supor, inicialmente, que seria dita alguma coisa sobre esses autores com base nos resultados de uma determinada pesquisa (algo como "Vergara & Cardoso, mostram os resultados da pesquisa, deixaram de registrar..."). Como não é disso que o texto trata, entro num beco sem saída e sou obrigado a voltar sobre meus passos. Por causa de uma vírgula infeliz como esta, tenho de refazer a leitura a fim de recuperar a verdadeira hierarquia sintática (**eles** é que são o sujeito do verbo **mostrar**); imagine o desastre que representa um erro desses repetido várias vezes ao longo do mesmo trabalho.

Água também é vida!

> Prof. Moreno, tenho uma dúvida urgente. Minha mãe quer dar o seguinte título a seu trabalho: "Água! Também é vida!" Este título está correto? Não ficaria melhor "Água, também é vida!"? Desde já, obrigado por sua atenção e disponibilidade!
>
> Leandro T.

Olhe, meu caro Leandro, se fosse eu o autor do trabalho, poria "Água também é vida" – sem aquela vírgula separando o **sujeito** do **verbo**. Além disso, é bom evitar pontos de exclamação em títulos, pois ele têm um efeito mais ou menos semelhante ao das maiúsculas usadas no e-mail: dão a impressão de que estamos gritando com o leitor.

A frase de Saramago

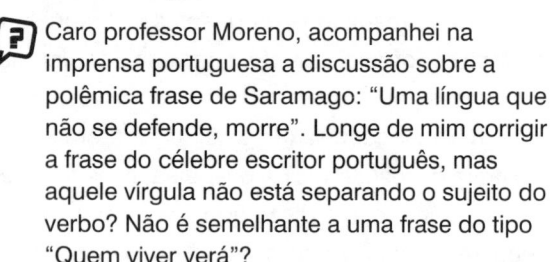

> Caro professor Moreno, acompanhei na imprensa portuguesa a discussão sobre a polêmica frase de Saramago: "Uma língua que não se defende, morre". Longe de mim corrigir a frase do célebre escritor português, mas aquele vírgula não está separando o sujeito do verbo? Não é semelhante a uma frase do tipo "Quem viver verá"?

Maria L.P., professora – São Paulo

Prezada Maria, é irônico que alguém levante polêmica sobre uma frase de Saramago – logo ele, um autor que conscientemente trata de transgredir as regras tradicionais de pontuação e ninguém reclama! Embora eu não veja o menor sentido nessa "inovação" que ele tenta introduzir no uso dos sinais, sou obrigado a defender aquela vírgula: quando o núcleo do SUJEITO ("uma língua") é seguido de uma ORAÇÃO ADJETIVA ("que não se defende"), são muitos os autores que recomendam que se ponha uma vírgula antes de iniciar o predicado (baseados, diga-se de passagem, no farto exemplo de bons escritores). Não podemos esquecer que o bem mais importante para a pontuação é a clareza. Compare "Uma língua que não se defende morre" com "Uma língua que não se defende, morre", e você verá que a segunda opção é processada mais rapidamente e com maior clareza que a primeira.

Quem ama, educa

> Um professor muito conceituado declarou que essa vírgula estaria **errada**, pois "*quem ama*" é o sujeito oracional da frase, e, segundo a regra de pontuação, não se pode separar o sujeito do seu predicado. No entanto, como se trata do título de um livro de grande vendagem, escrito por um autor de respeito, continuo em dúvida até hoje. O autor, a editora e seus revisores teriam deixado passar um erro tão evidente assim?

Kátia B. – Recife

Prezada Kátia, há um pouco de verdade no que disse esse seu "professor conceituado": primeiro, o sujeito de "educa" é realmente a oração subjetiva "quem ama"; segundo, não se coloca vírgula entre o sujeito e o seu verbo. Ocorre – e é aqui que bate o ponto! – que essa regra não pode contrariar o motivo essencial de existir a pontuação, que é **orientar o leitor na interpretação do que está escrito**. É muito comum, em nossos maiores escritores, o emprego dessa vírgula depois de sujeito oracional iniciado por **quem**. O autor e seu editor optaram por usá-la pela mesma razão que Machado a empregou várias vezes: tornar instantânea, para o leitor, a compreensão da estrutura da frase. "Quem ama educa" e "Quem ama, educa" são duas formas possíveis de pontuar esse título, mas confesso que eu também acho melhor a segunda.

Pontuação interna

I. A vírgula

1 – Separando os itens de uma enumeração

Temos uma enumeração sempre que juntamos, numa frase, vários elementos com a mesma função sintática (sujeitos, objetos, adjuntos adverbiais, etc.):

1 – A, B, C e D fundaram um clube.

2 – José encontrou A, B, C e D na biblioteca.

3 – Todos concordaram que a peça era A, B, C e D.

Como você pode perceber, sempre há um separador físico entre os itens que compõem a lista; a prática é usar uma **vírgula** entre eles, exceto o **último**, antecedido por uma **conjunção** (geralmente "E" ou "OU"). Nas enumerações, a vírgula e a conjunção são consideradas mutuamente exclusivas: em princípio, onde aparece uma, a outra não deve aparecer. Note que eu disse "em princípio"...

Aqui nasceu um dos mitos mais persistentes de nosso folclore gramatical: juntar a conjunção aditiva "E" com uma vírgula seria tão nefasto quanto misturar manga com leite – duas ingênuas superstições que não encontram apoio na realidade. Fora do território restrito das enumerações, encontraremos várias situações em que a vírgula não só **pode**, como **deve** aparecer antes do "E". Até mesmo numa enumeração pode ser necessário, para eliminar a ambiguidade, usar uma vírgula antes da conjunção.

Enumerações abertas

> *Prezado professor: recortei um artigo em que o senhor manda separar os itens da enumeração por vírgula, menos o último, que é separado pelo "E". Posso estar enganada, mas costumo ler muito e tenho certeza de já ter visto bons escritores usarem uma vírgula também antes do último, no lugar da conjunção, ficando assim, por exemplo: "cocos, bananas, laranjas, cajus". É um daqueles casos opcionais?*

Valdelice W. – Sobral (CE)

Minha cara Valdelice, ambas as formas estão corretas – tanto "cocos, bananas, laranjas **E** cajus" quanto "cocos, bananas, laranjas, cajus" –, mas **não são opcionais**. Você não pode usar livremente uma pela outra, pois as duas estruturas **não** dizem a mesma coisa. Ao colocar o "E" antes de **cajus**, estamos avisando o leitor de que este é o **último** item da relação; é o que chamamos de enumeração **fechada** (ou **exaustiva**). Por outro lado, se usamos uma **vírgula** em lugar da **conjunção**, estamos deixando implícito que a relação inclui itens que não estão sendo citados; é o que chamamos de enumeração **aberta** (ou **exemplificativa**).

Na fala, são duas estruturas inconfundíveis. Imagine-se ao telefone, ouvindo o relato de uma amiga que participou de um importante acontecimento social da cidade. Se, ao enumerar as pessoas presentes à festa, ela fizer uma lista completa, vai usar o "E", dando à frase uma linha melódica descendente ("Havia muita gente conhecida! Encontrei A, B, C **e** D"); se, no entanto, ela resolver mencionar apenas algumas, vai omitir o "E" e dar à frase uma linha melódica estável, inconclusiva ("Encontrei A, B, C, D") – o que lhe dará o direito, prezada Valdelice, de perguntar: "E quem mais?".

Na escrita, contudo, temos de tomar algumas precauções na hora de sinalizar que estamos usando uma **enumeração aberta**. Teoricamente, bastaria omitir a conjunção antes do último elemento, e pronto! Na prática, porém, isso não basta, porque esta omissão do "E" pode passar despercebida ao leitor desatento (ou que não domina as sutilezas da pontuação); criaram-se, assim, várias formas de reforçar o caráter exemplificativo da enumeração:

A, B, C, D, **por exemplo**.
A, B, C, D, **entre outros**.
A, B, C, D, **entre os mais importantes**.
A, B, C, D, **etc**.
A, B, C, D...

Não tenho a menor dúvida de que você, no fio de suas leituras, deve ter encontrado inúmeros exemplos desses dois tipos de enumeração. A diferença estava lá, mas você ainda não tinha olhos treinados para percebê-la – ou, como dizia o bom Padre Vieira, você via, mas não enxergava. Agora, no entanto, tenho certeza de que vai distingui-las com facilidade.

A pontuação do etc.

Prezado Professor, quero parabenizá-lo pela sua página e dizer que a visito quase todos *os dias. Gostaria saber duas coisas sobre o **etc**. – se ele deve ser acompanhado de ponto ou de reticências e se pode realmente vir precedido de vírgula. Aprendi que **etc.** é uma abreviação que significa "e outras coisas mais" e que o "**E**" com ideia de adição não pode ser precedido de vírgula, mas minha revisora – trabalho com textos publicitários – diz que a vírgula é necessária. O que devo fazer?*

Márcia S. – Vitória (ES)

*Caro Professor: gostaria de saber qual é a forma correta de usar o termo **etc**. em uma frase. Ele é antecedido ou não de vírgula? Escrevo "Compramos tudo: arroz, feijão **etc.**" ou "Compramos tudo: arroz, feijão**,** **etc.**"? Observei que, nas suas respostas, o mestre sempre utiliza a **vírgula antes**, que me parece a forma mais usual. Entretanto, alguns professores sustentam que o termo pode ser utilizado **sem** essa vírgula.*

Jorge Braga – Rio de Janeiro

*Desde há muito aprendi que o **etc.** é usado acompanhado por **ponto final** (pois indica a abreviação de **etcétera**) e **não é antecedido por vírgula** (suponho que por já conter o elemento de ligação "et" na própria palavra). Mas o senhor sempre usa o **etc.** antecedido de vírgula em seus artigos. Qual o emprego correto?*

Igor F. – Porto Alegre

Meus caros amigos: **etc.** é a abreviatura internacionalmente utilizada para a expressão latina *et cetera* (ou *et cætera*, ou ainda *et coetera*), que significa "e outras coisas da mesma espécie"; "e o resto (tratando-se de uma relação de itens)"; "e assim por diante". No Latim, é formada pela conjunção *et* (que corresponde ao nosso "e"), mais *cetera* (o plural neutro de *ceterus*, "o resto"). Alegando o significado literal dos elementos latinos, não faltaram autores (ingleses, franceses, brasileiros, etc.) que condenassem o emprego desta expressão para **pessoas**, caindo no velho equívoco daquela etimologia fundamentalista que tenta paralisar os vocábulos naquele tempo remoto em que foram criados...

Nosso mestre Celso Pedro Luft, com sua erudita ironia, ressalta que, a seguirmos esse raciocínio estreito, "nem rol de substantivos masculinos ou femininos se pode encurtar com **etc.**, já que *cetera*, neutro plural, só se pode aplicar a **neutros**... Como sempre, meia erudição, historicismo de manga curta...". Os dicionários do Inglês e do Francês fazem questão de frisar o fato de que **etc.** se aplica tanto a coisas quanto a pessoas; no Português, o ***Aurélio*** registra, em todas as edições, que a expressão, "embora normalmente se devesse usar apenas com referência a coisas, como se vê do seu sentido etimológico, aparece frequentes vezes, inclusive nos melhores autores, aplicada a pessoas". O mesmo fenômeno ocorreu com aquele *et* primitivo, que não pode ser invocado ainda hoje, em questões de pontuação, como se valesse o mesmo que o nosso "**E**" atual, como vou demonstrar mais abaixo.

À **direita** do **etc**. usamos um ponto para indicar que não se trata de uma **palavra**, mas sim de uma **abreviação** – ou seja, para nos avisar que essas três letras não são lidas como tais (/etecê/), mas como uma representação condensada de **etcétera**, da mesma forma que **cia**. e **dr**. são lidos como "companhia" e "doutor". Já deparei muitas vezes com o ingênuo costume de colocar **reticências** após o **etc**., o que parece um excesso injustificável, uma vez que ambos são recursos **utilizados para o mesmo fim**: sinalizar a nosso leitor que a enumeração que estamos apresentando não é exaustiva, apenas **exemplificativa**. Dentre tantas outras, mostro algumas opções:

atlas, livros didáticos, gramáticas, dicionários, **etc**.

atlas, livros didáticos, gramáticas, dicionários, **entre outros**.

atlas, livros didáticos, gramáticas, dicionários**...**

atlas, livros didáticos, gramáticas, dicionários, **por exemplo.**

Basta que eu use **uma** delas, à minha escolha, para que o leitor receba a mensagem. Combiná-las (experimentem juntá-las ao acaso, duas a duas!), como toda e qualquer acumulação desnecessária de recursos linguísticos, vai certamente desagradar a quem estiver lendo o meu texto, além de insinuar que eu o considero meio retardado.

E a pontuação **antes** do **etc.**? A tendência é pontuá-lo como os **demais itens da enumeração** que ele estiver encerrando:

(1) com VÍRGULA: **a, b, c, etc.**
(2) com PONTO-E-VÍRGULA: **a; b; c; etc.**
(3) com PONTO: **A. B. C. Etc.**

Os exemplos abaixo são do *Grande Manual de Ortografia Globo*, de Celso Pedro Luft:

(1) "Comprou livros, revistas, cadernos, etc."

(2) "Palavras que se escrevem com **rr** e **ss**: carro, narrar; excesso, remessa; etc."

(3) "Levantar cedo. Respirar o ar puro da manhã. Fazer ginástica. Etc.".

Assim vem o **etc.** pontuado, sistematicamente, no **Acordo Ortográfico** de 1943 e no **Vocabulário Ortográfico** de 1981. Assim está na maioria das gramáticas, assim é a prática da maioria dos escritores **modernos**. De onde tirei isso? Meu patrono, Celso Pedro Luft, escolheu aleatoriamente 100 páginas de escritores e gramáticos como Gilberto Freire, Pedro Nava, Darcy Ribeiro, Autran Dourado, Graciliano Ramos, Antônio Cândido, Paulo Rónai, José Guilherme Merquior, Antenor Nascentes, Antônio Soares Amora, Massaud Moisés, Rocha Lima, Evanildo Bechara, Celso Cunha e Gladstone Chaves de Melo, entre outros, e encontrou **115** ocorrências **com** vírgula, contra **14** apenas **sem** vírgula (*A Vírgula*. Editora Ática, 1996). Bota **tendência majoritária** nisso! Como na vestimenta, a linguagem que usamos é a soma de nossas decisões individuais; podemos até optar por escrever o **etc.** a la antiga, sem pontuação alguma, mas essa esmagadora preferência pelo **etc.** pontuado parece indicar que os autores intuíram aqui alguma vantagem na organização do texto que a outra forma não tem.

Enumeração com vírgula antes do "E"

Prezado Professor, eu pensava que as regras de pontuação do Inglês eram similares às nossas, mas começo a mudar de ideia. Meu orientador na Universidade de Chicago corrigiu a pontuação de todas as enumerações que escrevi na minha tese, acrescentando uma vírgula antes do "E" que precede o último elemento. Diante da minha surpresa, ele me mostrou que o Manual de Estilo da universidade é taxativo nestes casos: "Quando os dois últimos elementos de uma série estão ligados por conjunção, deve ser usada uma vírgula antes desta conjunção". Por que não é assim no Português?

Raul P.W. – Chicago (EUA)

Meu caro Raul, parece que o destino o levou a esbarrar numa das raríssimas diferenças entre a pontuação do Inglês e a nossa. Essa curiosa vírgula, conhecida como "*Oxford comma*" ("vírgula de Oxford", porque se tornou uma exigência tradicional dos editores e revisores da famosa Oxford University Press), tem uma certa razão de existir para os falantes do Inglês. Como você deve saber muito bem, naquela língua os adjetivos ficam à esquerda do substantivo que modificam, o que acaba criando um problema que o Português desconhece. Numa frase como "Ele recortava todas as matérias que saíam no jornal sobre cinema, política **internacional** e negócios", a posição do adjetivo **internacional** (e o fato de estar no **singular**) não deixa dúvida de que ele se refere a **política**, não a **negócios**. Em Inglês, no entanto, como o adjetivo fica do lado esquerdo e simplesmente nunca se flexiona, cria-se uma estrutura ambígua, "***international** politics and business*", que também poderia ser lida como "política e negócios internacionais". É onde entra em ação a vírgula de Oxford, desfazendo a má leitura: "***international politics**, and business*".

Embora algumas instituições (a Universidade de Chicago é justamente uma delas) recomendem o uso automático desta vírgula, muitas outras preferem aplicá-la apenas aos casos em que realmente existe o perigo de ambiguidade. Esta postura, que me parece muito mais sensata, não é nada diferente do que fazemos aqui, quando surge o mesmo problema:

> Os convidados eram João e Maria, Paulo e Virgínia, e eu.
>
> As almofadas podem ser feitas em branco e preto, vermelho e branco, e azul.

O bem-humorado Quinion, no seu incomparável **www.worldwidewords.org**, brinca com a hipótese de alguém dedicar seu livro "*To my parents, Mary and God*" ("Para meus pais, Maria e Deus"). Tanto lá quanto aqui devemos usar uma vírgula antes do "**E**" para evitar que os leitores tomem **Maria** e **Deus** como aposto de **meus pais** e nos mandem internar no hospício por absoluto delírio de grandeza: "Para meus pais, Maria, e Deus".

Enumeração de adjuntos adverbiais

*Professor Moreno, gostaria que senhor me esclarecesse a respeito da colocação de vírgula antes de adjuntos adverbiais **não deslocados**. Pelo que sei, a vírgula é somente utili-*

*zada quando ele está fora de seu lugar. Por exemplo: "**Em Brasília**, a cerimônia começou por volta das 14h" – mas "A cerimônia começou por volta das 14h **em Brasília**" já deve vir sem a vírgula. O motivo de minha dúvida é o de encontrar constantemente esse tipo de pontuação em livros, jornais e revistas.*

Ana P. – Brasília

Ana, você fez uma pequena mistura de regras. No seu exemplo – "**Em Brasília**, a cerimônia começou..." –, a vírgula está ali realmente por causa do deslocamento do adjunto adverbial. No entanto, mesmo que este adjunto retorne para o final da frase (que é, aliás, o seu lugar), vai continuar a ser separado por vírgula – "A cerimônia começou por volta das 14h, em Brasília". A regra agora é outra e nada tem a ver com o deslocamento do adjunto adverbial; estamos, isso sim, diante de uma **enumeração** de elementos com a mesma função sintática. Olhe como funciona: "Eu encontro você **no estádio**" (o adjunto não leva vírgula por estar no seu lugar habitual); "eu encontro você **no estádio**, **às dez horas**" (começamos uma enumeração); "eu encontro você **no estádio**, **às dez horas**, **junto ao primeiro portão**" (acrescentamos mais um elemento à enumeração) – e assim por diante. Note como a vírgula é obrigatória, embora nenhum deles esteja deslocado.

Curtas

Vírgula em nome próprio

> Prezado Professor, vi no outro dia uma loja maçônica com o nome "Luz, Amor e Vida". É correto o uso da vírgula separando "Luz" e

"Amor", já que fazem parte de um mesmo nome próprio?

Sílvia A.

Prezada Sílvia, esta é uma vírgula **obrigatória**. Quando separamos os elementos que compõem uma enumeração (A, B, C e D), somos obrigados a colocar entre eles (1) uma vírgula depois de todos, exceto no último, e (2) uma conjunção ("E" ou "OU") antes do último. Exatamente como você viu no nome da loja maçônica: "Luz, Amor e Vida" (A, B e C). O fato de ser nome próprio não altera a maneira de pontuá-lo.

Ponto depois do etc.

> Professor, tenho algumas dúvidas e torço para que o senhor possa me responder. Observei que ninguém coloca *ponto final* em frases terminadas com *etc.*, isto é, quando *etc.* vem no final da frase, fica valendo o ponto da abreviatura. Isto está certo? Pela lógica, eu acho que não! Fico rezando para receber sua resposta e por isso agradeço antecipadamente.
>
> Lígia J. – Salvador

Lígia, há duas teorias quanto ao ponto final depois de etc., ambas igualmente respeitáveis. A primeira diz que ponto sobre ponto é ponto – ou seja, o ponto da abreviação serve também como ponto final da frase, e a maiúscula que vem a seguir ajuda a marcar o início do novo período. A segunda, que eu prefiro, diz que o ponto que encerra a abreviação nada tem a ver com a pontuação da frase, seja ela qual for; se depois do **etc**. vier ponto final, teremos "... etc. ." (um ponto final separado do ponto da abreviatura por um espaço); se vier um ponto de interrogação, teremos "... etc.?"; se de exclamação, "... etc.!"; se ponto-e-vírgula, "... etc.;" – e assim por diante. Outra coisa: quem encerra uma frase com "etc." não está cometendo um erro, mas, como dizia minha avó, está procurando sarna para se coçar. Por que ficar limitado a esta abreviação, quando ela pode, com muito mais vantagem, ser substituída por seus sinônimos mais civilizados – **entre outros, por exemplo, para mencionar apenas os de maior destaque**, entre muitas outras opções que nossa língua oferece?

2 – Separando orações coordenadas

Esta é uma das regras mais automáticas da pontuação: a prática é colocar uma vírgula sempre que a oração coordenada for introduzida pelas conjunções **MAS, OU, NEM, POIS e E**:

Ele estava cansado, MAS aguentou o espetáculo até o fim.

Não sei onde ela mora, NEM lembrei de anotar seu telefone.

Vocês vão ao teatro hoje à noite, OU preferem deixar para o sábado?

Acho que ele não vem mais, POIS já passa das oito horas.

Saímos muito cedo de casa, E ela não pôde nos alcançar.

Quando usadas apenas para ligar **palavras** ou **expressões**, essas mesmas conjunções normalmente vêm sem pontuação:

Você quer água OU vinho?

Não tenho tempo NEM dinheiro.

Pobre MAS orgulhoso.

No caso do E, a vírgula é de praxe apenas quando as duas orações tiverem sujeitos **diferentes**. Compare as frases (1) e (2) com a frase (3):

(1) O juiz anulou o gol E mostrou o cartão para o atacante.

(2) O juiz anulou o gol E correu para o meio do campo.

(3) **O juiz** anulou o gol, E **todos os jogadores** o cercaram.

A função desta vírgula é nos avisar de que, ao contrário do que normalmente a frase deixaria supor, a próxima ação não vai ser atribuída ao sujeito da coordenada inicial.

Orações com sujeitos diferentes

Professor Moreno, eu gostaria que o senhor examinasse a pontuação da seguinte frase: "O Supremo Tribunal Federal – a mais alta corte país – tem por dever o exercício da função de guardião da Carta CONSTITUCIONAL, E o desempenho dessa nobre função é assegurado por suas manifestações e decisões sábias". Aquela vírgula que está logo após **Constitucional** *está realmente correta? Eu pesquisei sobre o emprego da vírgula antes de conjunções e não encontrei nenhuma regra que justifique o seu uso.*

Silvio G.

Meu caro Sílvio: confesso que eu próprio não encontraria um exemplo melhor do que este para demonstrar o valor que tem aquela vírgula colocada antes do "E" (e a falta que ela faria, se nós a suprimíssemos). Acho que você atirou no que viu e acabou acertando no que não viu, mas isso não importa: a caça já está na panela, para proveito de todos nós. Aqui aparece, em todo o seu esplendor, a finalidade essencial da pontuação, que é, como vimos, facilitar a vida do leitor, ajudando-o a percorrer o texto de maneira segura e confortável, sem o cansaço e a irritação dos desvios inúteis.

A frase seria incompreensível se a vírgula não estivesse ali? É claro que não; o contato com centenas de redações escolares me ensinou que tudo aquilo que um ser humano escreve poderá um dia ser decifrado por outro – mesmo que a pontuação esteja ausente ou, o que é pior, esteja presente nos lugares errados. O problema é que um texto assim, além de correr o risco de ser mal entendido, acarreta um imenso dispêndio do tempo e da energia do leitor, que só persistirá em sua leitura se tiver um forte motivo para fazê-lo. Aliás, foi exatamente para evitar isso, para eliminar essas hesitações e assegurar a fluência da leitura, que o Ocidente desenvolveu o sistema de pontuação que hoje utilizamos.

Neste caso particular, acredito que a ausência da vírgula levaria o leitor comum a tentar, instintivamente, estabelecer uma relação de paralelismo entre dois segmentos:

[o exercício da função de guardião da Carta Constitucional] E [o desempenho dessa nobre função]

– ou seja, o Supremo teria por dever [o **exercício** disso] + [o **desempenho** daquilo]. Na sequência, contudo, ao deparar com "é assegurado", nosso leitor se daria conta imediatamente do equívoco que cometeu lá atrás e retornaria sobre seus passos para refazer a leitura, segmentando a frase do modo correto:

> [o STF tem por dever o exercício da função de guardião da Carta...], E [o desempenho dessa nobre função é assegurado por suas manifestações...]

Você está reconhecendo a situação sintática? Duas orações ligadas por "E", com sujeitos diferentes... Não quero dizer, com isso, que a presença da vírgula seja o suficiente para afastar todo o perigo de uma leitura equivocada dessa frase (tão mal redigidinha, coitada!), mas tenho certeza de que vai ajudar muita gente. Por isso está lá.

O "E" com valor adversativo

*Professor Moreno, vi numa gramática que a conjunção **E** pode ter, às vezes, o valor **adversativo**, tornando-se uma espécie de sinônimo do **MAS**. O exemplo dado era "Estudei muito **E** fui reprovado". O senhor não acha que deveria haver uma vírgula antes deste "E", já que ele tem valor adversativo? Na leitura, a vírgula não deixaria mais claro esse sentido especial?*

Camila S.

Prezada Camila: embora nem todas as conjunções adversativas sejam pontuadas da mesma maneira (veja, na página 134, o uso do ponto-e-vírgula com **porém**, **contudo**, **todavia**, etc.), este "E" com valor de MAS realmente está a pedir uma vírgula. Essa é a recomendação de um autor respeitado como Domingos Cegalla, que exemplifica com duas frases muito parecidas com a que você encontrou em sua pesquisa:

O capitão estava ferido, e continuou lutando.

São uns incompetentes, e ocupam altos cargos.

Aqui se entende bem a valiosíssima observação que faz Celso Pedro Luft, no seu ***A Vírgula*** (Ed. Ática), ao afirmar que a principal influência que o uso da vírgula pode sofrer da fala não diz respeito, como muitos pensam, às pausas: "Mais importante que a pausa é a mudança de tom. **A vírgula corresponde muito mais a uma mudança de tom do que a uma pausa**"[grifo do autor]. Se você comparar as duas frases abaixo, perceberá que em (A) os dois segmentos são lidos no mesmo tom, o que não acontece em (B):

A – São uns incompetentes **E prejudicam nosso trabalho**.

B – São uns incompetentes, **E ocupam altos cargos**.
(= mas)

Antes que você conclua que a gramática consultada não vale o preço que foi pago por ela, quero lembrar-lhe que não existe (e seria impossível existir) um conjunto "oficial" de regras de pontuação; há, isso sim, autores antiquados, dogmáticos, que procuram impor a nós todos o seu modo particular de empregar os sinais, e autores modernos, que descrevem a prática dos bons escritores e tentam chegar a um razoável consenso sobre o assunto. Felizmente, estes últimos constituem hoje a maioria ativa em nosso país, o que nos permite esperar que um mesmo texto, pontuado por cinco gramáticos distintos, apresente divergências pouco significativas –

como é exatamente o caso desta vírgula antes do "E" adversativo.

Pontuação do POIS

*Professor, eu e um colega divergimos quanto à forma correta de pontuar uma frase. Eu digo que é "Não se pode mudar o horário, POIS o empregado não teria o intervalo mínimo legal de onze horas de descanso"; ele afirma que é "Não se pode mudar o horário, **pois,** o empregado não teria o intervalo mínimo legal de onze horas de descanso". Eu uso **uma vírgula antes,** ele coloca o POIS **entre** vírgulas. Quem está com a razão?*

Ariane Pereira

Minha cara Ariane: só entende a pontuação do POIS quem se der conta de que existem, aqui, duas conjunções bem distintas, que compartilham a mesma forma. Temos um POIS **explicativo** (sinônimo de **porque**) e um POIS **conclusivo** (sinônimo de **portanto**). O primeiro, que sempre fica no início da oração coordenada, recebe **vírgula antes** (já vimos isso acima):

Ela deve estar doente, pois não vem à aula há duas semana. (= porque)

Ele deve ter desistido do emprego, pois nunca mais nos procurou. (= porque)

O segundo POIS, por sua vez, pode ocupar qualquer lugar da oração coordenada, **exceto o início,** ficando **entre vírgulas,** como qualquer outro elemento intercalado. Dessa forma, uma conjunção jamais poderá ser confundida com a outra, já que a **explicativa** ocupa um território em que a **conclusiva** jamais poderá aparecer (e vice-versa):

O rádio anuncia chuva; deixaremos, POIS, toda a casa fechada. (= portanto)

Esta gripe mata; devemos redobrar, POIS, o cuidado com a higiene. (= portanto)

Você é que está com a razão: na frase que serviu de pomo da discórdia entre vocês dois, a conjunção é claramente **explicativa**: "Não se pode mudar o horário, POIS (porque) o empregado não teria o intervalo mínimo legal de onze horas de descanso". Uma vírgula, apenas.

A frase pode começar com E ou MAS?

*No colégio dos padres em que estudei, tive um excelente professor de Português, muito rigoroso, que não nos deixava empregar E ou MAS no **início de uma frase**. Ele não dizia isso diretamente, mas sempre nos proibia escrever E ou MAS com **maiúscula** – o que, na prática, vem a dar no mesmo. Há trinta anos, professor, eu tenho observado religiosamente esse princípio, mas venho notando que agora essas conjunções aparecem no início de novos períodos em muitos livros – até na Bíblia! O que houve? Aquela regra que aprendemos era artificial?*

Eliezer M. – Vitória da Conquista (BA)

Meu caro Eliezer, não existe – e jamais existiu – regra alguma que proíba começar uma frase nova com E ou com MAS (aliás, não existem, em pontuação, regras que **proíbam** alguma coisa, mas apenas conselhos, princípios práticos, costumes consagrados). Não é difícil encontrar bons escritores que colocam essas duas conjunções na abertura da frase – muito pelo contrário. Para dar uma ideia de quão corriqueiro é este uso, fiz um levantamento em um simples conto dentre as duas centenas que Machado escreveu – o incomparável **"Missa do Galo"** – e ali encontrei vários exemplos:

"Que paciência a sua de esperar acordado, enquanto o vizinho dorme! **E** esperar sozinho!"

"**E** não saía daquela posição, que me enchia de gosto, tão perto ficavam as nossas caras."

"Eu, não; perdendo uma noite, no outro dia estou que não posso, e, meia hora que seja, hei de passar pelo sono. **Mas** também estou ficando velha."

"**Mas** a hora já há de estar próxima, disse eu."

Se um clássico como Machado escrevia assim, por que razão aquele (bom) professor do colégio dos padres dizia aquilo? Eu o compreendo perfeitamente: era um recurso muito eficiente (usado até hoje, aliás) para obrigar o aluno a aumentar seu vocabulário ativo, recorrendo a outros nexos oracionais. Por que usar apenas o MAS como adversativa, se existe **contudo**, **entretanto**, **no entanto**, **não obstante** – todos eles muito mais adequados para a posição inicial? Em vez do E, por que não experimentar **por outro lado**, **além disso**, **do mesmo modo**? Era, portanto, um princípio estratégico adequado àquele momento, não uma regra definitiva.

Como você pode ver, aquela proibição não passava de uma "mentira piedosa", justificada por sua influência benéfica no enriquecimento vocabular dos jovens inexperientes. Com o tempo, o aluno tomaria contato com os bons autores e veria que aquele princípio que parecia tão taxativo era muito mais flexível do que ele pensava inicialmente – mas, aí, o objetivo do professor já teria sido atingido. O mesmo acontecia com o combate ferrenho que os professores travavam contra as **repetições**. Na verdade, não há nada de errado em repetir; a linguagem técnica e científica, que vê na clareza o seu valor máximo, não tem o menor pudor de usar um mesmo termo repetidas vezes, se assim a mensagem ficar clara para o leitor. No meu tempo de escola, contudo, considerando que nossos textos ficavam entre vinte e trinta linhas apenas, a proibição de usar a mesma palavra obrigava-nos a procurar sinônimos e a empregar as substituições pronominais adequadas (o que era muito bom). Hoje eu sei que esses princípios não têm o valor que eu lhes atribuía, mas entendo o motivo que levou meus professores a defendê-los com tanta veemência naqueles anos dourados.

Curtas

"E" com valor adversativo

> Professor Moreno: em um de seus artigos, o senhor escreveu que a conjunção *E* não tem só valor *aditivo*, mas pode ser também um nexo *adversativo*. No entanto, não seria somente *após vírgula* que o *E* exerce o valor adversativo?
>
> Carlos P. – Cuiabá (MT)

Prezado Carlos, você está confundindo **causa** e **consequência**. Não é a presença da vírgula que dá ao "E" o valor ADVERSATIVO, bem pelo contrário. Primeiro determinamos a relação sintática entre as duas orações e só então decidimos se é necessário alertar o leitor por meio da pontuação. Quando a oração iniciada por "E" for **adversativa**, isto é, indicar uma ideia que se opõe à ideia apresentada na coordenada inicial – "Ele é riquíssimo, E não paga suas contas" –, vamos pôr uma vírgula antes da conjunção. Como você pode ver, a vírgula é uma mera **decorrência** da realidade sintática. Lembro que o "E" também pode ter valor CONSECUTIVO, ficando igualmente separado por vírgula:

Segue meu conselho, E não te arrependerás.

Descubram o motivo, E terão descoberto o criminoso.

E sim

> Prezado Professor: recebi a incumbência de escrever um cartaz para nossa escola, mas não tenho certeza quanto à pontuação. A frase é "Não devemos desanimar e, sim, persistir na luta". Aquele *sim* fica mesmo entre vírgulas?
>
> Clotilde W. – Pomerode (SC)

Não, prezada Clotilde: o **sim** só deveria ficar entre vírgulas se fosse uma INTERCALAÇÃO. Como ensinava Celso Pedro Luft, a melhor maneira de reconhecer as intercalações é eliminá-las e ver se o significado se mantém. Compare as diferentes versões das frases que seguem:

Acho que podemos, **sim**, aceitá-la de volta.

Sim, acho que podemos aceitá-la de volta.

Acho que podemos aceitá-la de volta.

A fronteira não é uma separação, **e sim** um ponto de encontro.

*****E sim**, a fronteira não é uma separação, um ponto de encontro.

*A fronteira não é uma separação, um ponto de encontro.

Na primeira frase, o **sim** deve ficar entre vírgulas por ser uma legítima intercalação; como tal, pode ser **deslocado** ou, se quisermos, simplesmente **eliminado**. Na segunda, fica claro que **e sim** deve ficar obrigatoriamente onde foi colocado, funcionando como uma conjunção adversativa, numa situação análoga à que encontramos na frase que você enviou – "Não devemos desanimar, **e sim** persistir na luta". Ele também não pode ser deslocado, muito menos eliminado, pois a frase ficaria sem pé nem cabeça: *"Não devemos desanimar, persistir na luta".

Vírgula estranha antes do "E"

> Professor Moreno, acho muito estranha a vírgula antes do E na frase "Nesta data, recebemos o depósito de R$ 1.000,00, relativo ao pedido nº 256, E expedimos o volume por SEDEX".
>
> Paula S.

Essa vírgula está correta, Paula; ela está antes do "E" por um simples acaso, mas nada tem a ver com a conjunção. Na verdade, é a segunda das duas vírgulas que separam a intercalação "relativo ao pedido nº 256" (no caso, um aposto). Eliminado este, fica fácil ver que a frase original é "Nesta data, recebemos o depósito de R$ 1.000,00 E expedimos o volume por SEDEX".

Quando "E" não for conjunção aditiva

> Prezado professor, é uma honra poder receber sua orientação. Minha dúvida é simples: pode-se dizer que o "E" só é antecedido de vírgula nos casos em que *não* é conjunção *aditiva*?
>
> Josué P. – Corumbá (MS)

Não, meu caro Josué: o "E" pode ser conjunção aditiva e mesmo assim – por ligar **orações com sujeitos diferentes** – a vírgula pode ser necessária: "Eles prepararam tudo para a festa, E nós só tivemos o trabalho de comparecer".

3 – Separando o adjunto adverbial deslocado

Como vimos acima, os **adjuntos** e as **orações adverbiais** são elementos que colocamos na última posição sintática à direita – ou seja, no FINAL da frase – para indicar circunstâncias fundamentais como **tempo**, **lugar**, **modo** ou **intensidade**. De todos os elementos que compõem a frase básica, estes são os que mais comumente aparecem fora do lugar esperado. Como devemos avisar o leitor de todas essas alterações ocorridas na ordem habitual, é natural que esses deslocamentos sejam assinalados por vírgulas. Compare (1) com (2) e (3):

(1) Espero que vocês não se voltem contra mim DEPOIS QUE TUDO TERMINAR.

(2) Espero que vocês, DEPOIS QUE TUDO TERMINAR, não se voltem contra mim.

(3) DEPOIS QUE TUDO TERMINAR, espero que vocês não se voltem contra mim.

A regra de ouro da pontuação – frase normal não tem vírgula, frase que tem vírgula não é normal – aparece aqui com uma clareza indiscutível; o que poderíamos questionar, no entanto, é se deslocamentos desse tipo são realmente necessários. Por que simplesmente não deixamos o adjunto adverbial em paz? Ora, nós só mudamos sua posição na frase porque vamos ganhar alguma coisa com isso. Se o levarmos para o **início da frase**, por exemplo, as circunstâncias definidas por ele (tempo, lugar, etc.) passam a servir como um **pano de fundo** para a ideia principal do período. Ninguém é obrigado a utilizar esse recurso, mas é inegável que a frase (2) tem muito mais efeito que a frase (1):

(1) Ela revelou ao marido que o filho era de outro NA VÉSPERA DO BATIZADO.

(2) NA VÉSPERA DO BATIZADO, ela revelou ao marido que o filho era de outro.

Esse deslocamento vai passar de **opcional** a **obrigatório** sempre que o adjunto adverbial deixa a frase **ambígua** quando é usado em sua posição habitual:

(1) O jogador decidiu assinar o contrato com o Barcelona NO ÚLTIMO DOMINGO.

(2) NO ÚLTIMO DOMINGO, o jogador decidiu assinar o contrato com o Barcelona.

(3) O jogador, NO ÚLTIMO DOMINGO, decidiu assinar o contrato com o Barcelona.

(4) O jogador decidiu assinar, NO ÚLTIMO DOMINGO, o contrato com o Barcelona.

A frase (1) é inaceitável porque admite duas leituras (no domingo ele **decidiu**, ou no domingo ele vai **assinar** o contrato?); nas demais, porém, a ambiguidade foi eliminada pelo deslocamento do adjunto. Nas frases (2) e (3), que são sinônimas, **no último domingo** refere-se ao verbo **decidir**. Na frase (4), ao verbo **assinar**.

Adjunto adverbial curto

Quando o adjunto adverbial for de **pequena extensão**, temos a opção de **não** usar a vírgula, se assim nos parecer melhor:

NO NATAL a gente sempre visitava todos os primos.

HOJE eu não tenho tempo.

NAQUELA ÉPOCA tudo parecia mais simples.

TODOS OS DIAS eu aprendo alguma coisa nova.

A decisão é pessoal; muitos se sentem mais seguros mantendo sistematicamente esta vírgula no lugar, outros preferem eliminá-la por princípio e outros, ainda, definem o que vão fazer caso a caso. Quando exercemos esta liberdade de optar entre duas formas corretas, estamos acrescentando mais um traço ao nosso **estilo**, que nada mais é do que a soma das decisões que tomamos ao escrever.

Todas as gramáticas e manuais se referem a este caso de vírgula **opcional**, mas nenhum deles, por razões óbvias, se arrisca a definir o que se poderia considerar como "curto", pois este é outro detalhe que cai na estreita faixa de subjetividade que a pontuação admite. Não podemos esquecer que os sinais de pontuação funcionam mais ou menos como as marcas que um compositor faz em sua partitura com o objetivo de orientar a execução da melodia; neste caso, portanto, o conceito de "curto" é naturalmente elástico, dependendo do ritmo em que eu imagino que a leitura do meu texto deveria ser feita.

Vírgula a ser evitada

*Professor, sempre me ensinaram que eu podia escolher entre usar ou não a vírgula no deslocamento dos adjuntos adverbiais **curtos**. Agora, porém, como estagiária num grande jornal da região, me senti humilhada quando o editor-chefe cortou a vírgula que pus na frase "Em maio, começa a temporada da tainha". Argumentei que a pontuação aqui é opcional, mas ele me assegurou que nesta frase não cabe vírgula – embora não saiba dizer exatamente por quê. Eu pensei que fosse uma regra oficial.*

Mariana K. – Florianópolis

Prezada Mariana, desta vez é o editor que está com a razão. Mesmo sem saber explicar o motivo, ele percebeu, pela experiência que deve ter, que aquela vírgula parece destoar como uma guitarra em velório. O que ele captou intuitivamente já foi formalizado por vários especialistas atentos: a prática é **não** pontuar o adjunto deslocado quando ele vier **antes de um verbo com sujeito posposto**:

EM MAIO começa a temporada da tainha.

ONTEM não ocorreu acidente algum.

NA FRENTE DO CAIXA ficavam os bebedouros.

NO PONTO MAIS FUNDO DO OCEANO vivia uma pequena sereia.

Celso Pedro Luft chama a atenção para outro caso similar: os bons escritores também não separam por vírgula **o advérbio** situado **entre o verbo e o seu complemento**:

Chegará ESTA TARDE a Curitiba...

Não recuperaram AINDA o dinheiro roubado.

Comprou AGORA dois terrenos junto ao mar.

Ele dispensou TAMBÉM três assessores.

E outra coisa: esqueça essa história de "regra oficial". Regras oficiais só existem para a **ortografia** – emprego das letras, acentuação e hífen –, e nem mesmo elas são tão firmes assim, a julgar pelas contradições presentes no texto do Novo Acordo Ortográfico. O resto – flexão dos vocábulos, concordância, regência, pontuação, crase – segue um sistema de convenções estabelecidas mais ou menos pelo consenso das pessoas que utilizam a língua escrita culta.

Advérbios em -MENTE

Caro professor, leciono Língua Portuguesa em duas turmas da 7ª série e já aproveitei vários ensinamentos seus para preparar minhas aulas. Como vamos entrar agora em pontuação, *gostaria que o senhor fosse franco comigo: posso dizer, como regra prática, que a vírgula é sempre opcional com os advérbios terminados em **-mente**?*

Hildete S. – Barreiras (BA)

Sinto muito, Hildete, mas vou ser franco como você mesma pediu: não apresente essa regra a seus alunos, pois ela não tem o menor fundamento. Não se esqueça de que os advérbios em -**mente** podem aparecer na frase com duas funções diferentes, acarretando, como seria de esperar, duas formas também diversas de pontuá-los. Primeiro, existe o advérbio que se refere à **oração inteira**. Ele é **deslocável** e pode vir separado por vírgulas, se quisermos:

NORMALMENTE as crianças ficam em casa com os avós.

NORMALMENTE, as crianças ficam em casa com os avós.

As crianças NORMALMENTE ficam em casa com os avós.

As crianças, NORMALMENTE, ficam em casa com os avós.

Ele não pode ser confundido com aqueles advérbios que se referem apenas ao **verbo** ou a um outro **termo isolado**. Estes NÃO são deslocáveis e NÃO podem ser separados por vírgula:

Você deve agir NORMALMENTE quando o chefe chegar.

Ele ficou TERRIVELMENTE preocupado.

A diferença entre as duas situações descritas fica bem evidente se compararmos "Tudo terminou **tragicamente**" com "Tudo terminou, **tragicamente**". Na primeira, o advérbio nos diz **como** tudo terminou; liga-se especificamente ao **verbo** e não pode levar vírgula. Na segunda, ele se refere à **oração inteira**; é deslocável e exprime uma avaliação sobre um fato ("É uma tragédia que tudo tenha terminado"). Como você pode ver, é impossível falarmos, aqui, de vírgulas opcionais.

Adjunto adverbial no convite de casamento

Prezado professor, ajude-me, por favor, a não cometer erro algum no meu convite de casamento. Já redigi a frase que vou imprimir – "Após a cerimônia os noivos receberão os convidados para um coquetel no Salão de Festas da Igreja" –, mas não sei se fica bem assim, sem pontuação. Também não sei se a expressão "os convidados" precisa aparecer no texto. Existe uma melhor forma de escrever esta frase? Como todos serão convidados para o coquetel, esta frase estará escrita no próprio convite, abaixo do endereço da igreja.

Carolina A.S.

Prezada Carolina, a frase estaria certa assim como você redigiu. No entanto, como ela inicia por um adjunto adverbial curto (vírgulas opcionais, lembra?), você poderia escrever, também (eu acho melhor; no entanto, é apenas questão de preferência):

APÓS A CERIMÔNIA, os noivos receberão os convidados para um coquetel no Salão de Festas da Igreja.

Como todos os que receberão o convite estarão automaticamente convidados, você poderia, se quisesse, adotar o tratamento mais informal que algumas noivinhas modernas começam a empregar, escrevendo, muito simplesmente,

> Após a cerimônia, todos vocês estão convidados a brindar aos noivos no Salão de Festas da Igreja.

Escolha uma das versões acima e deixe de se preocupar com isso, que tudo vai correr muito bem. E lembre-se: como podemos planejar e controlar todos os detalhes na cerimônia do nosso casamento, ela parece ser fundamental; no entanto, acredite, é a coisa menos importante de um matrimônio. Ele começa mesmo é no dia seguinte. Relaxe e seja feliz.

Desta feita

*Prezado Doutor, trabalho num órgão público, e meu ofício é elaborar pareceres de auditoria. Há poucos dias, porém, surgiu uma dúvida entre os colegas. O problema é com o "desta feita", que era (muito) usado, como no exemplo seguinte: "Retornam os autos que cuidam disso e daquilo, **desta feita** para analisar...". Um colega levou nossa dúvida à professora de Português do curso que frequenta, e ela respondeu que **desta feita**, bem como **nesta oportunidade**, quando usado no meio da frase, sempre fica **entre vírgulas**. Se fizermos como ela recomenda – "Retornam os autos que cuidam disso e daquilo, **desta feita**, para analisar..." –, o texto não fica truncado e estranho, professor?*

Ricardo P. – São Paulo

Meu caro Ricardo, não quero duvidar de seu colega, mas prefiro acreditar que tenha havido aqui um problema de comunicação entre ele e a professora. Com a experiência que tenho, seria capaz de apostar que ele perguntou como deveria pontuar a expressão "desta feita", ao que a professora respondeu, naturalmente, que esta e outras expressões similares, quando usadas no meio da frase, devem ficar entre vírgulas – uma resposta genérica para uma pergunta que, suponho, também tenha sido genérica. Se ele tivesse mostrado o exemplo específico, a professora não deixaria de notar que aqui se trata de uma estrutura diferente, como vou demonstrar.

Na verdade, estamos diante da famosa oposição entre um **adjunto adverbial frasal** e um **adjunto adverbial específico**. O primeiro é **deslocável** e se refere **à frase toda**; a praxe é assinalá-lo com vírgula:

> Os dois vigários, DESTA FEITA, conseguiram arrecadar o dinheiro necessário.
>
> DESTA FEITA, os dois vigários conseguiram arrecadar o dinheiro necessário.
>
> Os dois vigários conseguiram, DESTA FEITA, arrecadar o dinheiro necessário.
>
> Os dois vigários conseguiram arrecadar, DESTA FEITA, o dinheiro necessário.

O segundo, ao contrário, modifica apenas um vocábulo ou um segmento específico da frase. Sua deslocabilidade é limitada e, como mostram os exemplos abaixo, não vem separado por vírgula:

> Em 1658, a cidade foi atacada por um novo exército espanhol, DESTA FEITA sob o comando de D. Luís de Haro.

Dias depois foi preso de novo, DESTA FEITA com um mandado de captura assinado em branco pelas autoridades.

Nas eleições de outubro de outubro de 2006, o partido voltou a ter êxito, DESTA FEITA em três capitais.

A frase que vocês discutiam enquadra-se nesse segundo modelo: *"Retornam os autos que cuidam disso e daquilo, **desta feita** para analisar..."*.

Curtas

Ontem à noite

> Caro Professor Moreno, é necessário colocar alguma vírgula na frase "Ontem à noite um negro foi vítima de racismo naquele restaurante"? Se eu escrevesse "Ontem, à noite, um negro..." ficaria muito errado? Ou seria melhor "Ontem à noite, um negro..."?
>
> Lalor C. – Fortaleza

Prezado Lalor: considerando que se trata de um adjunto adverbial curto, podemos deixar a frase **sem vírgula** alguma – "Ontem à noite um negro foi vítima..." –, ou separar o **adjunto** com uma vírgula – "Ontem à noite, um negro foi vítima...". Eu prefiro a primeira versão.

Adjunto adverbial deslocado

> Prezado professor, tenho de fazer um cartaz mas fiquei em dúvida quanto à pontuação da frase "Para sua segurança você está sendo filmado". Vai vírgula antes do ***você***?
>
> Cinara R.

"Para sua segurança" é um adjunto adverbial deslocado, Cinara, e bem crescidinho; deve, portanto, ser separado da frase básica por uma vírgula.

Ad referendum: adjunto adverbial deslocado

> Caro Professor, sou secretário de uma instituição de ensino e gostaria de saber se devemos deixar entre vírgulas a expressão ***ad referendum*** em frases como "O Presidente do Conselho, no uso de suas atribuições legais, resolve ***ad referendum*** conceder". Eu não uso, mas isso tem gerado polêmica com meus colegas.
>
> Erotilde – Campo Grande (MS)

Erotilde: já que você veio pedir o meu conselho, é melhor aderir ao partido dos colegas. A razão está com eles; independentemente de ser uma expressão latina, *ad referendum*, aqui, é um **adjunto adverbial** intercalado entre o verbo **auxiliar** ("resolve") e o verbo **principal** ("conceder") de uma locução verbal, e deve vir entre vírgulas. É diferente de "resolução *ad referendum*", em que a expressão está funcionando como mero adjunto adnominal.

Vírgula com data

> Caro professor, gostaria, se possível, que o senhor me esclarecesse se é correta a colocação da vírgula na frase "Em 1967, foi presidente da Caixa". Ou ficaria melhor "Em 1967 foi presidente da Caixa"?
>
> Tânia Cristina V.

A vírgula com o adjunto adverbial deslocado ("Em 1967") é opcional, Tânia, porque ele é curto. Usá-la ou não é uma questão de preferência pessoal. As escolhas que fazemos vão compondo, aos poucos, o nosso estilo individual.

4 – Separando o aposto

O **aposto explicativo** é um elemento acessório que acrescentamos à frase para explicar qualquer um dos elementos que a compõem, EXCETO o verbo – o que significa que podemos colocar um aposto depois do **sujeito**, do **objeto direto**, do **objeto indireto**, do **predicativo**, do **adjunto adverbial** ou até mesmo do próprio **aposto**. Como sua presença não está prevista na estrutura da frase básica, é natural que sempre venha separado por vírgula. Pela função esclarecedora que o caracteriza, deve aparecer **assim que for mencionado** o sintagma nominal a que se refere:

Ela acabou casando com Antero, O DONO DO CIRCO TUPI.

Meu sonho era pescar um tucunaré, SABOROSO PEIXE DA BACIA AMAZÔNICA.

O castelo de Windsor, RESIDÊNCIA OFICIAL DA RAINHA, está à venda.

Também convidei Júlia, IRMÃ DE PEDRO, MEU COLEGA DE AULA.

Nesta última frase há dois **apostos** (na pronúncia, rima com **impostos** ou **compostos**): "irmã de Pedro", que se refere ao objeto direto "Júlia", e "meu colega de aula", que se refere a "Pedro". É a mesma estrutura que encontramos no conhecido soneto de Camões: "Sete anos de pastor Jacó servia Labão, **pai de Raquel**, **serrana bela**". "Pai de Raquel" explica quem era Labão; "serrana bela", quem era Raquel.

Embora seja ACESSÓRIO, não é SUPÉRFLUO nem DISPENSÁVEL, porque está na frase justamente por acrescentar dados que o leitor precisa conhecer.

Aposto ou vocativo?

*Caro Prof. Moreno: na frase "A partir de janeiro deste ano, os sensores de movimento, fundamentais para sua segurança, passarão por reajustes técnicos", o elemento **fundamentais para sua segurança** assume, por acaso, a característica sintática de **vocativo**? Se não, qual a função dele? As vírgulas estão corretas, não é?*

Danieli A. – Linhares (ES)

É um **aposto**, Danieli. Se fosse desenvolvido em forma de oração, ficaria "os sensores de movimento, **que são fundamentais para sua segurança**, passarão por reajustes técnicos". Essa é a típica oração adjetiva **explicativa**, o que vem a ser, como sabemos, exatamente a versão expandida de um **aposto**. Não pode ser **vocativo** porque a frase, embora se dirija ao provável leitor (podemos perceber isso, por exemplo, em "sua segurança"), não o nomeia diretamente.

Além disso, devido à natureza específica de cada um, apostos e vocativos diferem num ponto fundamental: o aposto sempre se refere ao elemento que vem à sua esquerda e é, por isso, **indeslocável**, contrastando com o vocativo, que não tem posição fixa. Neste exemplo, **fun-**

damentais para sua segurança se refere a **sensores de movimento**, e a nada mais. Se fosse um vocativo, poderia ser **deslocado** livremente para o início ou o final da frase, como acontece com todo e qualquer vocativo – o que não é possível neste caso.

Quanto à pontuação, a frase estaria correta de qualquer forma – fosse aposto ou vocativo –, já que ambos, considerados intrusos na estrutura frasal, são igualmente separados por vírgulas.

Alexandre, o Grande

Prezado Professor, quanto mais estudo, mais dúvida eu tenho quanto à pontuação de casos como estes:

*Alexandre, **o Grande**, realizou muitas proezas.*
*Dona Maria, **a Louca**, foi rainha de Portugal.*

*Devo ou não colocar aquela **segunda** vírgula? Parece-me que há autores que não consideram haver aí **aposto**, sendo a vírgula parte do nome. Os nomes seriam "Alexandre, o Grande" e "Dona Maria, a Louca", o que não justificaria o uso da outra vírgula:*

*Alexandre, **o Grande** realizou muitas proezas.*
*Dona Maria, **a Louca** foi rainha de Portugal.*

*O que fazer? Virgular ou não virgular? Eu queria conhecer a posição que o senhor adota. Parece-me até que essa foi a razão que levou o cantor **Gabriel o Pensador** a deliberadamente não adotar vírgula em seu nome artístico.*

Olavo P.

Meu caro Olavo, mas que tipo de obra você anda consultando? É evidente que eu defendo a primeira versão, com o aposto **entre vírgulas**! Aliás, é muito simples: se colocou a PRIMEIRA, tem de colocar a SEGUNDA. Quem escreve "Dona Maria, a Louca foi rainha de Portugal" está informando à Dona Maria que a Louca foi rainha de Portugal! O aposto, o vocativo, o adjunto adverbial deslocado, entre outros, são considerados elementos intercalados e devem vir assinalados na escrita por pontuação parentética: vírgulas duplas (o mais comum), travessões duplos ou parênteses.

Este também é o caso de "Gabriel o Pensador" – acho que é assim que ele escreve, sem sinal de pontuação algum. Aqui está em jogo o uso (ou não) da vírgula com os **epítetos** ou **cognomes** atribuídos às grandes personalidades políticas e às celebridades. Há quem defenda, com efeito, a ideia de que eles passariam a integrar o **nome** da pessoa e que, por isso, deveriam ser escritos **sem** vírgula, à moda inglesa (*Jack the Ripper*). A meu ver, estão misturando semântica com sintaxe, pois, no fundo, todos esses cognomes compartilham a estrutura mais comum de nosso idioma: todos têm **artigo**; todos têm um **núcleo nominal**, representado por um substantivo ou por um adjetivo substantivado, o que vem dar na mesma; alguns, além disso, ainda apresentam um **adjunto adnominal** preposicionado, como "O Rei DO CANGAÇO" (atribuído ao famigerado Lampião). Em suma, todos são **sintagmas nominais** típicos, colocados como **aposto** ao lado de outro sintagma nominal, e, como tal, devem ser separados por vírgulas: Alexandre, O GRANDE; Ivan, O TERRÍVEL; Pedro, O GRANDE; Jack, O ESTRIPADOR; Átila, O FLAGELO DE DEUS; Dom Manuel, O VENTUROSO; Rui, A ÁGUIA DE HAIA; Gabriel, O PENSADOR.

Outra possibilidade seria usar o epíteto diretamente ligado ao nome, como **Pedro pedreiro**, **Gabriel pensador**, **Seu Libório cantador** (Graciliano Ramos) – mas aí já estaríamos fora do âmbito do aposto.

Aposto entre travessões

Professor, gostaria que me dissesse se posso manter em meu trabalho o trecho que está em negrito, ou se eu deveria encerrar o período logo após o aposto (em destaque): "Eles destacam dois tipos de pesquisa qualitativa: A ETNOGRÁFICA E O ESTUDO DE CASO, **em razão de sua aceitação na área educacional, e mencionam alguns autores para compor e elucidar a discussão***".*

Márcia Elisa R.

Prezada Márcia: a pontuação só existe para nos ajudar a escrever textos que o leitor possa entender sem dificuldade (e, se possível, com prazer). Isso significa que ela deve estar a serviço daquilo que pretendemos expressar – a nossa "mensagem", como costumávamos dizer nos ingênuos anos 60. Ora, considerando o significado das linhas que você escreveu, acho que uma pequena reacomodação sintática – com as competentes alterações na pontuação – vai favorecer o trabalho do leitor:

> Eles **destacam**, em razão de sua aceitação na área educacional, dois tipos de pesquisa qualitativa – A ETNOGRÁFICA E O ESTUDO DE CASO – e **mencionam** alguns autores para compor e elucidar a discussão.

Dessa forma, fica assegurado o paralelismo que você mesma estabelece entre "**destacam** dois tipos de pesquisa qualitativa" e "**mencionam** alguns autores para compor e elucidar a discussão", que é o eixo principal de sua frase. Como o adjunto adverbial "em razão de sua aceitação na área educacional" indica a causa de terem destacado esses dois tipos de pesquisa, é melhor deslocá-lo para junto do verbo a que se refere ("destacam"). Os **travessões duplos** poderiam ser substituídos por **vírgulas duplas**, é verdade, mas assim o aposto fica muito mais claro; afinal, seja com vírgulas, travessões ou parênteses, o importante é nunca deixar de assinalar esse tipo de intercalação.

Tive de eliminar o **dois-pontos** que você usou, pois ele só teria sentido se não houvesse a segunda oração coordenada ("e mencionam..."):

> Eles destacam, em razão de sua aceitação na área educacional, dois tipos de pesquisa qualitativa: A ETNOGRÁFICA E O ESTUDO DE CASO.

Curtas

Diretor em exercício

> Prezado Professor Moreno, escrevo-lhe para tirar uma dúvida a respeito do uso de vírgula: o ocupante interino de um cargo assina a correspondência como "Fulano de Tal, Diretor,

em Exercício". Está correta esta vírgula separando "em exercício"?

Maria Madalena B.

Prezada Maria Madalena: como você desconfiava, essa vírgula não tem cabimento. "Fulano, Diretor **em Exercício**"; "Beltrano, Reitor *pro tempore*"; "Sicrano, Presidente **Interino**"; "Zutano, Coordenador **Substituto**".

5 – Separando o vocativo

O vocativo é um elemento novo que acrescentamos à frase para **chamar** ou **interpelar** nosso leitor. Como está desvinculado de qualquer parte do padrão frasal (não se encaixa nem no **sujeito**, nem no **predicado**), tem a liberdade de se deslocar para qualquer posição na frase:

QUERIDO PRIMO, você provará a boa comida da Emília.

Você, QUERIDO PRIMO, provará a boa comida de Emília.

Você provará, QUERIDO PRIMO, a boa comida de Emília.

Você provará a boa comida de Emília, QUERIDO PRIMO.

Esta mobilidade característica é o traço que aproveitamos para distingui-lo do APOSTO: enquanto este fica fixo, à direita do termo que explica, o VOCATIVO move-se livremente pela frase, podendo ficar, inclusive, em duas posições que o aposto nunca poderá ocupar – no início da frase (antes do sujeito) ou na casa à direita do verbo.

Vocativo não é sujeito

*Em "**Vai**, minha tristeza, e **diz** a ela que sem ela não pode ser", de Vinícius de Morais, posso dizer que **minha tristeza** é o sujeito* *de **vai**, e que a vírgula estaria sendo usada para separar a segunda oração coordenada, "diz a ela"? Estou de todo errada?*

Calina – Lima (PE)

Prezada Calina: **minha tristeza** é um **vocativo**, e por isso vem entre vírgulas. Sinto, mas a análise que você fez está completamente equivocada. Se suprimirmos **minha tristeza** da frase (afinal, os vocativos sempre são meros intrusos), fica mais fácil enxergar a estrutura real do período:

VAI e DIZ a ela que sem ela não pode ser.

Para comprovar que as duas vírgulas entraram na frase acompanhando o **vocativo**, basta deslocá-lo:

MINHA TRISTEZA, vai e diz a ela que sem ela não pode ser.

Vai e diz a ela, MINHA TRISTEZA, que sem ela não pode ser.

Ora, se MINHA TRISTEZA é o vocativo, qual é o sujeito de "vai e diz"? Muito simples: o sujeito é "tu", elíptico (aquilo que chamávamos, há mais de um século, de sujeito OCULTO ou SUBENTENDIDO). Se Vinícius tivesse preferido usar "você" no lugar de "tu", os verbos ficariam "vá e diga".

Bom dia, Vietnã!

*Caro Professor, mantemos um boletim diário em nossa instituição com o título **Bom Dia Congresso**. Alguns leitores têm sugerido que deveríamos colocar uma vírgula, ficando **Bom Dia, Congresso**. Como o senhor vê esta* *questão? Quando o nome foi criado, confesso que não o encaramos como um vocativo.*

(Anônimo – por solicitação do autor)

Prezado amigo: é uma péssima notícia, mas infelizmente a vírgula aí é **indispensável**. Ao lado do sintagma "bom dia", está o sintagma "Congresso". Ora, quando dois sintagmas ficam lado a lado (sem pontuação entre eles), o que está à direita assume a função de **modificador** do primeiro (**funcionário** + **fantasma**, por exemplo). Haveria um **bom dia *congresso*** ao lado de um **bom dia *senado***, um **bom dia *câmara***, etc. – vários tipos de "bom dia", assim como um "bom dia sertanejo", um "bom dia esportivo", um "bom dia urbano"? Claro que não. Nesta frase, "Congresso" é **vocativo**, sem dúvida; o título do boletim é, inequivocamente, uma saudação ao Congresso; na hora de batizá-lo, inclusive, o nome vencedor poderia ter sido "Congresso, Bom Dia!". A estrutura é a mesma do nome daquele programa de rádio que o Robin Williams levava ao ar, todos os dias, no filme do mesmo nome: *Bom dia, Vietnã!*. Ponham a vírgula no lugar, meu caro anônimo; é muito mais fácil admitir o erro e corrigi-lo do que passar a vida defendendo o indefensável – isso se não vier alguém dizer que também sentiu falta do **ponto de exclamação**.

Suje-se gordo!

*Professor, aprendi que vocativos como "Fica quieto, **menino**" ou "Volta logo, **meu filho**" sempre devem vir separados com* *vírgula. Por que, então, o nome do conto "**Suje-se gordo!**", de Machado de Assis, não é pontuado? Não se põe vírgula em títulos?*

Rosa Maria J.P. – Campos (RJ)

Prezada Rosa Maria, não se trata de um cochilo de Machado de Assis, nem existe qualquer regra contra o uso de pontuação nos títulos. Um romance de José Cândido de Carvalho se intitula **Olha para o céu, Frederico**; Camilo Castelo Branco escreveu **Coração, cabeça e estômago**; o próprio Machado nos deu os contos "Vênus! Divina Vênus!", "Vinte anos! Vinte anos!", "O Cônego, ou Metafísica do estilo" e "Casa, não casa". Acho que você não leu o conto inteiro, e daí sua pergunta. Não há um vocativo aqui; "Suje-se gordo!" não é uma ordem para que um gordinho se suje (aí seria "Suje-se, gordo!" – o que corresponderia a "Gordo, suje-se!"), mas um estranho princípio moral defendido pelo personagem, que acha que não vale a pena transgredir a lei por ninharias:

> Vi que não era um ladrão reles, um ladrão de nada, sim de grande valor. O verbo é que definia duramente a ação. "Suje-se **gordo**!". Queria dizer que o homem não se devia levar a um ato daquela espécie sem a grossura da soma. A ninguém cabia sujar-se por quatro patacas. Quer sujar-se? Suje-se **gordo**!

Aqui você tem um bom exemplo desses **adjetivos** transformados em **advérbio** de modo, fenômeno tão comum no Português Brasileiro: "Eles comiam RÁPIDO", "Ela falava BAIXO", "A cerveja desce REDONDO". "Suje-se GORDO", portanto, aqui significa "Suje-se PARA VALER". Machado deve ter previsto a possível confusão de **gordo** com um vocativo, pois fez questão de incluir a expressão numa sequência definitiva: "Suje-se GORDO! Suje-se MAGRO! Suje-se COMO LHE PARECER!". Se serve como consolo, fique sabendo que você não é a única a ter esta dúvida; o sempre útil **Portal do Domínio Público**, por exemplo (http://www.dominiopublico.gov.br), continua a grafar este título com aquela vírgula equivocada.

Curtas

O vocativo

> Professor, tanta gente começa seus e-mails escrevendo algo como "Oi fulano!" ou "Fala fulano!" que eu começo a desconfiar que aprendi errado na escola. Eu achava que o correto seria escrever "Oi, Fulano!" e "Fala, Fulano", pois, para mim **fulano** é um vocativo, mas já não tenho certeza de mais nada.

Antonio A. – Rio de Janeiro

Meu caro Antônio, você está coberto de razão. São realmente vocativos, e devem vir separados por vírgula: "Salve, imperador!"; "Adeus, Mariana!"; "Ai, Tia Chica"; "Oi, Laurinha!"; "Ave, César" – e por aí vai a valsa. Compare "Como vai, Antônio?" com "Como vai Antônio?", "Pare, Antônio" com "Pare Antônio" – são diferentes como a água e o vinho.

Cuidado frágil

> Preciso escrever "Cuidado, frágil" numa etiqueta para pacotes postais. O senhor concorda com o emprego desta vírgula?

Vinícius A.

Caro Vinícius: se eu fosse o responsável pelas etiquetas, escreveria "Cuidado! Frágil!" ou "Cuidado: frágil!"; aqui não é um caso para vírgula, que – o que é pior – poderia induzir a uma leitura ridícula de **frágil** como VOCATIVO (semelhante a "Cuidado, palerma!", "Cuidado, molenga!", "Cuidado, fracote!" e outras mimosuras do gênero).

Vocativo x sujeito

> Prezado professor, eu e um colega não chegamos a um acordo sobre a pontuação da frase "Vagabundo, vai estudar!". A vírgula não está separando o sujeito do verbo?
>
> Rebeca S. – Santa Bárbara (SP)

Minha cara Rebeca: nesta frase, **vagabundo** não é o SUJEITO, mas o VOCATIVO. É exatamente por isso que ele pode se deslocar livremente (levando sempre consigo, é claro, as vírgulas indispensáveis):

VAGABUNDO, vai estudar!

Vai, VAGABUNDO, estudar!

Vai estudar, VAGABUNDO!

Pontuação com interjeição

> Professor Moreno: na expressão "Valeu! Mestre!", temos uma interjeição de agradecimento e um vocativo? Eu poderia pôr uma vírgula após o primeiro ponto de exclamação?
>
> Josevaldo L. – Fortaleza

Meu caro Josevaldo, digamos que seja uma interjeição (não é bem isso, mas funciona como se fosse), seguida de um vocativo – mas a pontuação habitual, nesses casos, é separar o vocativo com uma vírgula e deixar o ponto de exclamação para o fim da frase: "Valeu, **mestre**!"; "Cuidado, **Corisco**!"; "Epa, **camarada**!"; "Vade-retro, **Satanás**" – e assim por diante. É bom lembrar que, por princípio geral, a vírgula **jamais** poderá aparecer ao lado do **ponto** – o que inclui o ponto de **exclamação** e o de **interrogação**.

Quantas vírgulas?

> Professor, sou estudante de Letras e tenho uma dúvida de pontuação. No exemplo "Ninguém meus amigos poderá ajudá-los mais do que eu", quantas vírgulas devo usar?
>
> Cristiane R.O. – São Paulo

É um caso elementar, Cristiane! A frase tem um **vocativo** – "meus amigos" – e deverá ser pontuada assim: "Ninguém, **meus amigos**, poderá ajudá-los mais do que eu". Mesmo que o vocativo não fosse identificado (o que acho difícil), bastaria ver que entre o sujeito ("Ninguém") e o verbo ("poderá") apareceu uma intercalação, o que já justificaria, por si só, as vírgulas duplas. Além disso, como o vocativo é sempre um elemento **deslocável**, a frase poderia ser reescrita como "**Meus amigos**, ninguém poderá ajudá-los mais do que eu", ou "Ninguém poderá ajudá-los mais do que eu, **meus amigos**" – e assim por diante, sempre deixando o vocativo separado por vírgula(s).

Muda o sentido

> **[?]** Professor, o senhor pode me ajudar? Existe diferença de sentido entre "Homem trabalha" e "Homem, trabalha"? E entre "Você entende Joaquim" e "Você entende, Joaquim"?
>
> Jéssica T. – 10 anos

Prezada Jéssica, é claro que existe. Em "**Homem**, trabalha", a vírgula assinala a presença de um VOCATIVO – isto é, estamos falando com alguém diretamente, chamando-o de "homem". O mesmo acontece com "Você entende, **Joaquim**", em que estamos nos dirigindo a alguém chamado "Joaquim". A versão SEM vírgula diz outra coisa; em "**Homem** trabalha", "homem" é o sujeito da frase, semelhante a "**Pedro** trabalha", "**Ele** trabalha", "**Todo o mundo** trabalha". Em "Você entende **Joaquim**", estamos dizendo a alguém que ele entende **Joaquim** (como em "Você entende **Inglês**", "Você entende **toda a matéria**", "Você entende **minha ansiedade**").

6 – Separando outros elementos intercalados

Além desses casos mais comuns – adjuntos adverbiais deslocados, apostos e vocativos –, separe por **vírgulas** QUALQUER OUTRO elemento que apareça intercalado entre os elementos básicos do padrão frasal, **mesmo que você desconheça sua classificação sintática**:

A menina, ACREDITEM, foi a culpada de tudo.

Eles aceitariam, ACHO EU, esta nova proposta.

A notícia, É VERDADE, deixou-nos estupefatos.

Eu aceitei, OU MELHOR, tolerei sua presença.

Para que essas inserções fiquem bem assinaladas para nosso leitor, também podemos separá-las do corpo da frase usando **travessões** ou **parênteses**, sinais que, embora sirvam para a mesma finalidade, apresentam sobre a vírgula algumas vantagens preciosas em duas situações bem concretas. A primeira é típica: ao acrescentarmos uma intercalação a uma frase que já contém outras vírgulas indispensáveis, é melhor recorrer aos travessões ou aos parênteses, evitando assim que o acúmulo de vírgulas torne a pontuação complexa demais para permitir uma leitura fluente. Compare a primeira versão abaixo com as outras duas:

> Concluída a pesquisa, verificou-se que os três estados da Região Sul, PARANÁ, SANTA CATARINA E RIO GRANDE DO SUL, apresentam o melhor índice de qualidade de vida.
>
> Concluída a pesquisa, verificou-se que os três estados da Região Sul – PARANÁ, SANTA CATARINA E RIO GRANDE DO SUL – apresentam o melhor índice de qualidade de vida.
>
> Concluída a pesquisa, verificou-se que os três estados da Região Sul (PARANÁ, SANTA CATARINA E RIO GRANDE DO SUL) apresentam o melhor índice de qualidade de vida.

Na primeira versão, as vírgulas da **enumeração** se confundem com as vírgulas do **aposto** e tornam a pontuação presente demais para o leitor, obrigando-o a um esforço adicional para decifrá-la. As outras duas, ao contrário, tornam a leitura muito mais fácil, deixando bem evidente a organização sintática da frase. Embora ambas sejam muito mais "confortáveis" para o leitor, a primeira escolha seria a versão que emprega o **travessão**, reservando-se o **parêntese** para as intercalações de dados numéricos ou indicações bibliográficas.

A segunda vantagem de utilizar o travessão ou o parêntese é a possibilidade de usar **pontuação expressiva** na intercalação; se optássemos pelas vírgulas duplas, seria impossível empregar um ponto de interrogação ou de exclamação:

> A rainha da Suécia – **quantos aqui sabem disso?** – viveu dez anos no Brasil.

> Um candidato que roubou – **e que admite isso com a maior naturalidade!** – não pode ser reeleito.

Vírgula depois de parênteses

*Professor, escrevi um texto que começava da seguinte forma: "No Dia Mundial sem Tabaco (31 de março), nossa Escola vai realizar atividades...". Um certo professor afirmou que está errada aquela **vírgula após o parêntese**, porque os parênteses SEMPRE substituem as vírgulas. Confesso que achei absurdo, mas não tinha argumento para responder. O que o senhor acha? Cometi mesmo um erro gravíssimo, como ele disse?*

Érika R.M. – Rio de Janeiro

Prezada Érika, acho estranho que você leve a sério a opinião de uma pessoa que você mesma classifica, pouco elogiosamente, de "um certo professor". Ele deve ter ouvido que podemos deixar uma expressão intercalada entre **vírgulas**, ou **travessões**, ou **parênteses** – o que é correto. Numa frase como "A diretoria, **eleita no mês passado**, assume amanhã", "eleita no mês passado" pode vir também separado por travessões ou por parênteses. Neste caso, como é óbvio, ou aparece um, ou aparece outro sinal.

Na frase que você escreveu também podemos optar por qualquer um desses três sinais, mas o caso é um pouco mais complexo. Se retirarmos da frase a expressão parentética ("31 de março" – que é, aqui, um simples **aposto**), a vírgula continuará lá, o que nos traz a certeza de que ela está sendo empregada por suas próprias razões: "No Dia Mundial sem Tabaco, nossa Escola...". Vamos agora acrescentar a expressão que tínhamos retirado e separá-la do corpo da frase ora com vírgulas, ora com travessões, ora com parênteses. Dou, abaixo, as três versões possíveis:

(1) No Dia Mundial sem Tabaco, **31 de março,** nossa Escola...

(2) No Dia Mundial sem Tabaco – **31 de março** –, nossa Escola...

(3) No Dia Mundial sem Tabaco **(31 de março),** nossa Escola...

Note que, em (1), aquela vírgula depois de **março** é **dupla**, isto é, há uma vírgula em cima da outra (a da **intercalação** e a que assinala o **deslocamento do adjunto adverbial**). Em (2), aparece o famoso travessão seguido de vírgula, que alguns revisores infelizmente ainda não entenderam. Em (3), temos a frase da maneira como você escreveu – e que foi injustamente criticada pelo referido professor, o qual, espero, não leciona Língua Portuguesa.

Travessão seguido de vírgula

> *Prezado professor, gostaria de saber se está correta a pontuação da frase "No caso da Transpetro – subsidiária da Petrobrás para transporte em dutos –, foi registrado um aumento de 17,2%". É certo colocar aquela vírgula logo após o hífen? Eu nunca tinha visto isso antes.*
>
> José R.M. – Recife

Meu caro José: quando usarmos **travessões** (não são hifens, aqui) para pontuar expressões intercaladas, eles funcionam exatamente como os parênteses duplos. Olhe como seria a pontuação desta frase **antes** de receber o aposto "subsidiária da Petrobrás para transporte em dutos":

> No caso da Transpetro, foi registrado um aumento de 17,2%.

Quando acrescentarmos a expressão intercalada, ela vai trazer consigo sua própria pontuação (**parênteses** ou **travessões**), independentemente da pontuação da frase-mãe:

> No caso da Transpetro (subsidiária da Petrobrás para transporte em dutos), foi registrado um aumento de 17,2%.
>
> No caso da Transpetro – subsidiária da Petrobrás para transporte em dutos –, foi registrado um aumento de 17,2%.

É indispensável, portanto, que apareça aquela vírgula depois do parêntese ou do travessão de fechar, pois pertence à pontuação da frase original. A combinação [travessão+vírgula] só lhe parece estranha porque, como você mesmo afirma, ainda não tinha reparado nesta prática; aposto, no entanto, que vai encontrar muito mais casos, agora que falamos disso.

Interrogação dentro da intercalação

*Olá, professor! O jornal de ontem trazia uma frase muito esquisita: "O prestígio mundial dos jogadores sul-americanos e a ganância dos empresários europeus já ameaçam o futuro da seleção Argentina e, **por que não?**, o próprio futebol brasileiro". Está correta esta pergunta entre vírgulas? Minha professora disse que nunca tinha visto uma dessas antes.*

Alcides B. – 13 anos – Piracicaba (SP)

Em primeiro lugar, meu caro Alcides, jamais podemos esquecer a grande diferença que existe entre as **regras de pontuação** e as **regras de acentuação**, por exemplo. Estas últimas são meras **convenções** – podem ser criadas, eliminadas ou alteradas à vontade pelos especialistas que estiverem no comando. Em 1943 a Academia concebeu um sistema de acentuação que já foi modificado duas vezes, uma em 1971 e outra agora há pouco, com o Novo Acordo. Nada impede que, no futuro, uma nova reforma ortográfica venha a eliminar totalmente os acentos de nosso idioma – decisão que, por sua vez, poderá ser revogada algumas décadas depois. Pode ser que o Português venha um dia a ser escrito como o Inglês, que não usa acentos, ou como o Francês, que coloca dois (e às vezes três) acentos numa mesma palavra. Mas, seja qual for o sistema adotado, sempre vai conter regras rígidas, sem flexibilidade alguma, que garantam uma grafia uniforme em todos os rincões do Brasil.

Essa padronização coercitiva é possível no emprego das letras e dos acentos, mas não no emprego das vírgulas. Em primeiro lugar, porque a pontuação é **pessoal** – não no sentido de que eu possa usar os sinais como me der na veneta, mas sim porque eu os emprego para dizer ao leitor como é que espero que ele leia meu texto, o que naturalmente vai gerar várias diferenças de estilo individual, todas toleráveis dentro do sistema. O que eu considero uma intercalação curta – e, portanto, deixo sem vírgulas – pode não o ser para meu vizinho; onde eu uso travessões duplos, ele pode preferir vírgulas duplas; onde eu uso ponto-e-vírgula, ele pode preferir empregar um simples ponto.

Além disso, as regras que exponho neste livro são de natureza muito diferente das regras ortográficas. Não foram elaboradas todas ao mesmo tempo, por uma comissão específica, numa data determinada, mas sim desenvolvidas, por tentativa e erro, pela soma das pessoas que escreveram e escrevem no Ocidente. São antes **conselhos** do que propriamente regras; como as leis de trânsito, obedecem a um bom senso determinado historicamente: devemos sinalizar quando vamos mudar de pista ou quando vamos parar, não devemos ultrapassar em curvas, etc., ou seja, princípios gerais indiscutíveis que aumentam a segurança de qualquer motorista do planeta.

Vimos, na página 96, que as expressões intercaladas podem ser pontuadas de várias maneiras. Ora, como normalmente evitamos que a vírgula entre em contato com o ponto (de qualquer tipo), uma intercalação interrogativa, como o exemplo que você enviou, ficaria muito melhor se viesse entre **travessões** ou **parênteses**:

> O prestígio mundial dos jogadores sul-americanos e a ganância dos empresários europeus já ameaçam o futuro da seleção Argentina e – **por que não?** – o próprio futebol brasileiro.

> O prestígio mundial dos jogadores sul-americanos e a ganância dos empresários europeus já ameaçam o futuro da seleção Argentina e (**por que não?**) o próprio futebol brasileiro.

Assim fazendo, estaríamos aproveitando a maior vantagem que os travessões ou os parênteses apresentam sobre as vírgulas duplas, que é a possibilidade de usar expressões intercaladas com **pontuação expressiva** (exclamação ou interrogação). Não é que esteja errado se o fizermos com a vírgula, mas certamente vamos causar no leitor a mesma estranheza que você e sua professora experimentaram, o que não é desejável para nós, cidadãos comuns, nas inúmeras situações em que temos de nos comunicar por escrito.

É importante que você saiba, no entanto, que essas precauções nem sempre são observadas pelos textos literários, que exploram os recursos da língua escrita até o limite da inteligibilidade. Reproduzo abaixo um texto do genial Millôr Fernandes, que coloca uma exclamação e uma interrogação entre vírgulas. Millôr pode fazer isso, sem problemas, pois os leitores jamais vão se aproximar de um texto escrito por ele com o mesmo automatismo com que leem as notícias do dia – em suma, estão com os sentidos aguçados, prontos para perceber qualquer sutileza do famoso guru do Meier:

> "Vocês ainda se lembram daquela história, edificante!, do garoto holandês que botou o dedo na rachadura do dique pra salvar sua cidade, e toda a Holanda, por que não?, de ser inundada pelas águas?"

Olhe, admire e aprecie – mas não imite. Como você não é Millôr ou outro escritor famoso, as pessoas esperam que você se mantenha nos caminhos bem-trilhados da pontuação padrão. É com essa expectativa que lerão qualquer coisa que você escrever.

Curtas

Além disso

> Professor Moreno: no fôlder de lançamento de um novo carro, fiquei cismado com a seguinte construção: "Você gasta muito menos e pode contar, **além disso**, com a segurança de usar dois tipos de combustível". Gostaria de saber se "além disso" precisa mesmo daquelas duas vírgulas.
>
> Jaison – Goiânia

Meu caro Jaison, há uma série de elementos que precisamos acrescentar à frase para indicar que vamos continuar nosso argumento (**por outro lado**, **aliás**, **inclusive**, **deste modo**, **ora**, **aí**, **assim**), ou atenuar afirmações polêmicas (**ao que parece**, **salvo melhor juízo**), ou retificar alguma coisa dita antes (**isto é**, **ou**

melhor, **quer dizer**, **na verdade**). **Além disso** é um desses organizadores textuais e, como tal, sempre virá separado do corpo da frase por vírgula.

Conjunção seguida de expressão intercalada

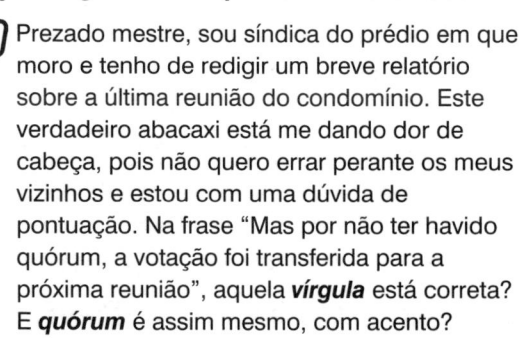

> Prezado mestre, sou síndica do prédio em que moro e tenho de redigir um breve relatório sobre a última reunião do condomínio. Este verdadeiro abacaxi está me dando dor de cabeça, pois não quero errar perante os meus vizinhos e estou com uma dúvida de pontuação. Na frase "Mas por não ter havido quórum, a votação foi transferida para a próxima reunião", aquela *vírgula* está correta? E *quórum* é assim mesmo, com acento?

Esther D.J. – Birigui (SP)

Prezada Esther: o problema desta frase é a ausência da **primeira** vírgula da intercalação. A conjunção **mas** não pode ser tratada como se fosse parte da oração **por não ter havido quórum**, que se desloca livremente:

(1) Mas a votação foi transferida POR NÃO TER HAVIDO QUÓRUM

(2) Mas a votação, POR NÃO TER HAVIDO QUÓRUM, foi transferida.

(3) Mas, POR NÃO TER HAVIDO QUÓRUM, a votação foi transferida

Como podemos ver claramente nas frases (1) e (2), "mas" e "por não ter havido quórum" **não** constituem uma unidade; na frase (3), portanto, é indispensável aquela vírgula antes de "por". Quanto ao **quórum**, esta é a forma modernizada do vocábulo latino *quorum*; é uma questão de escolha do falante. Ou usamos a forma tradicional, sem acento e grafada em itálico, ou usamos a forma mais atual, com acento – da mesma forma que *habeas* ou **hábeas**, *curriculum* ou **currículo**.

7 – Indicando a elipse do verbo

Em construções em que o verbo aparece repetido, é possível, se quisermos, mencioná-lo apenas **na primeira vez**, sem prejuízo da compreensão. Neste caso, assinalamos a elipse do verbo com uma vírgula:

(1) Eu TENHO dois irmãos; você TEM três; Carla TEM quatro.

Eu TENHO dois irmãos; você, três; Carla, quatro.

(2) Ele FALAVA inglês e francês. Ela FALAVA alemão.

Ele FALAVA inglês e francês. Ela, alemão.

(3) Eu PREFIRO a serra, e tu PREFERES o mar.

Eu PREFIRO a serra, e tu, o mar.

Friso que todas as frases acima estão corretas; usar ou não a elipse é uma escolha pessoal e, portanto, de estilo. Note que a frase (3) apresenta também a vírgula antes daquele **E** que liga orações com sujeitos diferentes.

Supressão do verbo ser

Caro Professor, estou com dúvida quanto à pontuação – mormente quanto ao emprego da ÚLTIMA vírgula – na seguinte frase: "São circunstâncias individualizadas e distintas; uma delas é legal, considerada agravante obrigatória, e a outra, judicial".

Maurício J. – Belo Horizonte

Meu caro Maurício, acho que aqui se aplica, como uma luva, o título daquela comédia de Shakespeare: "Muito barulho por nada". Que vantagem você pensa obter, nesta frase, com a supressão do "é", monossílabo tão nanico e discreto? Embora a pontuação que você propõe esteja teoricamente correta, na prática ela não funciona muito bem (aliás, posso apostar que essa foi a causa de sua consulta). Se o objetivo é estilístico, então eu sugiro um pequeno retoque na pontuação, mas em outro lugar:

> São circunstâncias individualizadas e distintas; enquanto uma delas, considerada agravante obrigatória, é **legal**, a outra é **judicial**.
>
> São circunstâncias individualizadas e distintas. Uma delas, considerada agravante obrigatória, é **legal**; a outra é **judicial**.
>
> São circunstâncias individualizadas e distintas; uma delas, considerada agravante obrigatória, é **legal**. A outra é **judicial**.

Acredite: qualquer uma dessas versões seria superior à inicial.

Vírgula obrigatória?

Professor, é obrigatório indicar a supressão do verbo com uma vírgula? Às vezes eu tenho a impressão de que isso não seria necessário, mas não sei quando posso deixar de aplicar a regra.

Bia W.T. – Petrópolis (RJ)

Prezada Bia, em primeiro lugar é preciso deixar bem claro que só vamos suprimir o verbo da segunda oração se assim o desejarmos. Não há problema algum em repeti-lo; pelo contrário, em certas construções a presença do verbo em ambas as orações melhora o ritmo e reforça o paralelismo:

Agamênon COMANDAVA os gregos, Heitor COMANDAVA os troianos.

Eu FICO com as brancas, tu FICAS com as pretas.

Todavia, nas construções em que a repetição do verbo não parece trazer vantagem alguma, é costume mencioná-lo apenas na primeira oração, deixando-o **elíptico** na segunda. Neste caso, o sistema dominante de pontuação (no Inglês, no Francês, no Espanhol e no Português) recomenda assinalar esta supressão por uma vírgula. Note que eu disse "recomenda", já que, como faço questão de frisar em várias passagens deste livro, as regras de pontuação não têm (e nunca terão) o caráter obrigatório das regras de acentuação. Abaixo você verá três versões diferentes para cada exemplo; embora todas estejam corretas, asseguro-lhe que a maior parte dos leitores vai considerar (c) como a versão menos boa:

(a) No Natal, o menino sempre ganhava carrinho; sua irmã ganhava boneca.
(b) No Natal, o menino sempre ganhava carrinho; sua irmã, boneca.
(c) No Natal, o menino sempre ganhava carrinho; sua irmã boneca.

(a) Eu cuido da porta; tu cuidas da janela.
(b) Eu cuido da porta; tu, da janela.
(c) Eu cuido da porta; tu da janela.

(a) Desta vez o governo estava certo. A oposição estava errada.

(b) Desta vez o governo estava certo. A oposição, errada.

(c) Desta vez o governo estava certo. A oposição errada.

Curtas

Vírgula estranha

> Prezado professor: num breve mas brilhante artigo de sua autoria a respeito das especificidades do sistema prosódico do Brasil, em relação ao sistema de Portugal, o senhor comenta: "A água que escoa no ralo da banheira, em Portugal, gira para a esquerda; a nossa, gira no sentido do relógio". Estimado e sempre consultado professor, a vírgula depois do pronome "nossa" foi utilizada para marcar a elipse do substantivo "água", ou o buraco é mais embaixo? Um abraço amigo.
>
> Orlando N. – Fortaleza

Não, Orlando, não foi – e não se faça de sonso, que você percebeu muito bem que a vírgula está onde não deveria estar. Na primeira redação – "A água que escoa no ralo da banheira, em Portugal, gira para a esquerda; a nossa, no sentido do relógio" –, eu tinha suprimido o verbo "girar", e a vírgula indicava a **elipse do verbo**. Relendo o texto, achei que ficaria mais claro se repetisse o "gira" – e esqueci de apagar a vírgula. Foi apenas isso. Você, com razão, estranhou a pontuação e fez questão de me alertar, usando essa aproximação oblíqua e dissimulada – mas gentil. Obrigado.

Falso caso de elipse

> Caro professor, peço esclarecimento sobre o uso ou não da vírgula em destaque no período abaixo. A vírgula deve existir? A razão da vírgula seria pela elipse verbal?
>
> *"Na audiência, não houve acordo, mas foi deferida medida liminar que atribuiu 75% ao homem **e, 25%** à mulher da parcela de financiamento do imóvel."*
>
> Henrique – Campo Grande (MS)

Meu caro Henrique, essa vírgula não tem cabimento. Só usamos vírgula para indicar a elipse verbal quando se tratar de **sujeitos diferentes**, com **verbo idêntico** ("Eu comprei um dicionário. Ela, uma gramática"). Se o sujeito for **um só**, não há elipse, mas um complemento composto: "Nós gostamos [de casa limpa] e [de mesa posta]"; "O vento derrubou [o telhado da escola] e [o campanário da igreja]. Na frase que você mandou temos um verbo transitivo **direto** e **indireto** ("atribuir") seguido de dois conjuntos [O. Direto + O. Indireto] coordenados por um E: "atribuiu [75% ao homem] E [25% à mulher]".

8 – Separando as adjetivas explicativas

Este é o caso mais complexo de toda a pontuação, pois envolve a sutil diferença entre a oração adjetiva EXPLICATIVA (separada **obrigatoriamente** por vírgulas) e a adjetiva RESTRITIVA, muito parecida, que NÃO leva vírgula. Ambas têm a mesma configuração e ocupam posição idêntica na frase, mas têm SIGNIFICADO diferente. Como o gelo aqui é mais fino, prefiro avançar com cautela.

Semelhanças entre elas – Estas orações receberam o nome de ADJETIVAS porque sempre vêm **à direita de um substantivo** (ou **pronome substantivo**), ocupando exatamente a posição preferida pelo **adjetivo** em nosso idioma. Este é um traço compartilhado por ambos os tipos:

Sublinhou em vermelho todos os **erros** QUE ENCONTROU.

As **pessoas** QUE ESTAVAM LÁ ficaram aterrorizadas.

Eu, QUE TUDO VI, posso testemunhar em juízo.

Ele pretende visitar a **cidade** ONDE NASCEU.

O **pai** de Jorge, COM CUJA AJUDA CONTÁVAMOS, acabou desistindo.

Outra característica comum a ambas é o fato de iniciarem sempre por um PRONOME RELATIVO (**que, quem, qual, cujo, onde**). Isso é que explica por que ela era chamada, até os anos 50, de oração subordinada ADJETIVA RELATIVA, como veremos adiante em resposta a uma leitora.

Diferenças – Para que possamos enxergar com clareza a principal diferença entre as duas, é necessário lembrar que o substantivo é uma palavra que designa determinado CONJUNTO de seres (**pneu**, **peixe**, **sofá**, **suspiro**, **lágrima**). Quando houver uma oração adjetiva ligada a ele, você vai decidir se ela é RESTRITIVA ou EXPLICATIVA pelo **efeito que ela tem sobre esse conjunto**:

(1) Se ela se aplicar a apenas uma PARTE do conjunto, ela é RESTRITIVA – ou **determinativa**, **limitativa**, **especificativa**, "porque restringe, determina, limita ou especifica um nome vago, indeterminado ou inespecífico" (Luft). Uma solução bem singela, mas esclarecedora, seria denominá-la de oração adjetiva PARCIAL.

(2) Se ela se referir a TODOS os elementos do conjunto, ela é EXPLICATIVA.

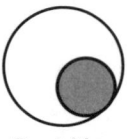

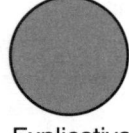

Restritiva   Explicativa

(1) As baleias QUE FORAM MORTAS tinham marcas de vários arpões. (as outras não)

(2) As gaivotas QUE SEGUIAM NOSSO NAVIO tinham as penas manchadas de óleo. (as outras não)

(3) As gaivotas, QUE VIVEM JUNTO AO MAR, são minhas companheiras matinais. (todas)

(4) As baleias, QUE TÊM SANGUE QUENTE, precisam subir periodicamente à superfície para respirar. (todas)

Os exemplos acima se referem a dados objetivos, que podem ser facilmente verificados. Por isso, se escrevêssemos a frase (4) SEM vírgulas – "As baleias QUE TÊM SANGUE QUENTE precisam..."–, estaríamos confessando nossa ignorância biológica (haveria também baleias que NÃO têm sangue quente...). Há muitas situações, contudo, em que a relação entre a oração adjetiva e o substantivo a que está ligada não pode ser definida fora do contexto. Veja a diferença que existe em cada par:

(5) As mulheres QUE DIRIGEM MUITO MAL precisam praticar mais.

(6) As mulheres, QUE DIRIGEM MUITO MAL, precisam praticar mais.

(7) Os políticos QUE SÃO CORRUPTOS deveriam perder seus mandatos.

(8) Os políticos, QUE SÃO CORRUPTOS, deveriam perder seus mandatos.

(9) Os jovens QUE FAZEM MUITO BARULHO não respeitam os outros.

(10) Os jovens, QUE FAZEM MUITO BARULHO, não respeitam os outros.

Nas versões em que a adjetiva ficou **entre vírgulas**, são feitas afirmações de valor genérico (toda mulher dirige muito mal, todo político é corrupto, todo jovem é barulhento).

ALÉM DISSO:

(1) Se o conjunto for UNITÁRIO (o caso de um **substantivo próprio**, por exemplo), ou se o conjunto já tiver sido previamente delimitado ou especificado, é natural que a oração seja EXPLICATIVA:

Este aqui é Antônio Carlos, QUE VAI NOS GUIAR ATÉ A MINA.

Eu, QUE NÃO DESCONFIAVA DE NADA, aceitei as explicações.

Encontramos um casal de índios adolescentes. A mocinha, QUE USAVA TANGA, falava muito bem o Português.

(2) Só as RESTRITIVAS podem ter o verbo no SUBJUNTIVO:

Os candidatos QUE QUISEREM CONCORRER devem comparecer amanhã.

Procurava um motor QUE NÃO FIZESSE BARULHO.

Os jogadores QUE FICAREM NO BANCO também vão receber o prêmio.

As ruas QUE ESTIVEREM MUITO SUJAS serão lavadas com detergente.

Por isso, a necessidade de distinguir se a oração é RESTRITIVA ou EXPLICATIVA só existe quando o verbo estiver no modo INDICATIVO. Quem fala em público deve sempre ter cuidado com essa armadilha, pois aquilo que ele está dizendo com uma intenção pode ser transcrito de outra maneira na imprensa. Embora o ritmo e a cadência de quem fala sejam suficientes para evitar ambiguidades junto aos ouvintes, uma frase como "Os membros deste partido QUE SÃO CORRUPTOS não deveriam votar na escolha do representante" pode desencadear um verdadeiro desastre ao ser publicada no jornal do dia seguinte, onde ela poderia aparecer, por equívoco do repórter, colocada entre vírgulas. O orador tinha falado de ALGUNS, e sua frase transcrita agora parece se referir a TODOS. Para evitar mal-entendidos, bastaria substituir o indicativo "são" pelo subjuntivo "forem". Mudando a frase para "Os membros deste partido QUE FOREM CORRUPTOS não deveriam votar na escolha do representante", estamos nos assegurando de que todos os ouvintes (até mesmo os de má-fé) vão entender como RESTRITIVA esta oração.

O interessante é que o Inglês, idioma que se caracteriza por um quadro de conjugação verbal muito mais simples (e pobre) do que o nosso, teve de recorrer a **pronomes relativos diferentes** para poder fazer esta distinção; lá, o *that* é um pronome de emprego exclusivo nas **restritivas**, o que explica a instrução onipresente nos manuais daquele idioma de não usar vírgula antes do *that*.

(3) Só nas EXPLICATIVAS o QUE pode ser substituído pelo QUAL. Muitos professores, infelizmente, recorrem ao discutível expediente didático de inculcar em seus alunos a ideia de que os pronomes QUE e QUAL são livremente intercambiáveis; no entanto, a rigor, "na oração adjetiva restritiva o QUE nunca é substituível por O QUAL – a não ser em má técnica escolar de análise sintática, aliás bastante difundida" (Luft). Essa é a prática de todos os bons escritores – entre eles Bernardes, Vieira, Garrett, Alencar, Eça, Euclides e Machado. Apenas como amostra, vejamos alguns exemplos do incomparável Machado de Assis:

> Esteve algum tempo com o relógio na mão e os olhos na mulher, A QUAL tinha os seus olhos no livro. O silêncio era profundo. ("O relógio de ouro")

> O retrato foi passar às mãos de terceira pessoa, A QUAL afirma que fui eu que lho levei alta noite. ("Casa, não casa")

> (...) mas não deixava de ter certa correção nas linhas do rosto, O QUAL se cobria de um véu de serenidade que lhe ficava a matar. (*As bodas de Luís Duarte*)

> Não o encobria da amiga, que teve o cuidado de escrever ao primo, O QUAL respondeu com esta frase (...) ("O caso da viúva")

> E aí, como um escárnio, vi o olhar de Marcela, aquele olhar que pouco antes me dera uma sombra de desconfiança, O QUAL chispava de cima de um nariz (...) (*Memórias Póstumas de Brás Cubas*)

(4) Na FALA, os dois tipos de adjetivas são inconfundíveis! Enquanto as RESTRITIVAS são ditas SEM pausa e com entonação ascendente no fim, as EXPLICATIVAS são precedidas de pausa e têm entonação mais baixa no seu início.

Aposto e oração explicativa

*Prezado mestre Moreno, no período "A Infraero, RESPONSÁVEL PELA ADMINISTRAÇÃO AEROPORTUÁRIA NO PAÍS, tenta atrair fábricas para áreas próximas aos aeroportos", a expressão entre vírgulas é um **aposto explicativo** ou uma **oração adjetiva explicativa** que foi reduzida por **braquilogia**, em que falta o verbo "ser" e o pronome relativo?*

Marcos Antônio H.

Meu caro Marcos, no fundo você está perguntando se **seis** é diferente de **meia dúzia**. Toda oração adjetiva EXPLICATIVA é um APOSTO em forma oracional; a diferença é que o aposto, um simples sintagma nominal, não tem a estrutura de oração (sujeito+verbo), nem é introduzido pelo pronome relativo. A comissão que elaborou a NGB (Nomenclatura Gramatical Brasileira) não se deu conta disso, mas estas orações é que mereceriam a denominação de APOSITIVAS.

Esqueça essa "braquilogia", que é conceito da História da Língua. Aqui simplesmente temos dois elementos diferentes na **superfície**, mas idênticos na **estrutura profunda** – e não é por acaso que ambos devem vir separados por pontuação de intercalação. Os chamados **apostos**, portanto, não passam de orações **adjetivas explicativas** que sofreram esta redução:

> Gonçalves Dias, **que escreveu *I-Juca-Pirama***, morreu num naufrágio. (adjetiva explicativa)
>
> Gonçalves Dias, **autor de *I-Juca-Pirama***, morreu num naufrágio. (aposto)

A propósito disso, Celso Pedro Luft fazia uma observação interessantíssima: depois que a adjetiva explicativa é abreviada (pela supressão da sequência **pronome relativo+verbo de ligação**), ela pode ser ANTEPOSTA ao substantivo a que se refere:

> Roberto, QUE ESTEVE PRESENTE À CENA, protestou.
>
> Roberto, PRESENTE À CENA, protestou.
>
> PRESENTE À CENA, Roberto protestou.
>
> A Infraero, RESPONSÁVEL PELA ADMINISTRAÇÃO AEROPORTUÁRIA NO PAÍS, tenta atrair fábricas para áreas próximas aos aeroportos.
>
> RESPONSÁVEL PELA ADMINISTRAÇÃO AEROPORTUÁRIA NO PAÍS, a Infraero tenta atrair fábricas para áreas próximas aos aeroportos.

Certamente um especialista em sintaxe terá muito mais a acrescentar sobre esta estrutura, mas nada do que ele possa nos dizer vai mudar a forma de pontuá-la. De qualquer forma, sua pergunta revela que você tem uma boa intuição linguística, pois se deu conta de uma semelhança que geralmente passa despercebida – até mesmo por pessoas que se intitulam professores de Português.

Aposto restritivo

> *Numa aula do Curso de Jornalismo, na semana passada, surgiu a dúvida sobre o modo correto de pontuar casos em que um cargo é comum a várias pessoas e casos em que há apenas um indivíduo para um cargo: "A deputada do PT LUCIANA GENRO disse que não comparecerá ao plenário para a votação da reforma da Previdência". Para mim, é assim que está correto, mas alguns colegas insistem em deixar o nome da deputada entre vírgulas.*

Cláudia V. – jornalista

Prezada Cláudia, vocês esbarraram no aposto RESTRITIVO, o qual, além de ser pouco conhecido, ostenta o escandaloso hábito de nunca vir separado por vírgula. Ora, diriam os meus professores da infância, onde já se viu um aposto sem vírgula? Se eles pudessem retornar a este mundo, eu lhes mostraria, com prazer e gratidão, alguns exemplos que, tenho certeza, os deixaria convencidos:

O ministro da Justiça, TARSO GENRO, veio especialmente para a cerimônia.

O ministro TARSO GENRO veio especialmente para a cerimônia.

Agora, um pouquinho de análise sintática básica. Na primeira frase, o **sujeito** recebe um **aposto** ("Tarso Genro") que se refere à totalidade do conjunto "ministro da Justiça". Já vimos que esses apostos não passam de orações adjetivas EXPLICATIVAS que foram reduzidas por uma transformação corriqueira. A pontuação, para ambos, é idêntica.

Na segunda frase, no entanto, a relação semântica foi alterada: ao se retirar a expressão especificadora "da Justiça", o substantivo **ministro** passou a designar um conjunto de **vários** elementos (alguém sabe ao certo quantos são?), que agora recebe um aposto ESPECIFICATIVO, que produz o mesmo efeito de uma oração adjetiva RESTRITIVA.

Esta relação seria diferente (e, da mesma forma, a pontuação) se já tivesse havido, no contexto, referências que especificassem e individualizassem um ministro dentre todos os outros. Nesse caso, o aposto, agora ligado a um conjunto unitário, passaria naturalmente a ser EXPLICATIVO:

> A posse do diretor foi prestigiada por dois governadores e um ministro de Estado. O ministro, TARSO GENRO, veio especialmente para a cerimônia.

Ensinando as adjetivas

Professor, sou formado em Letras e estou ministrando um curso de revisão gramatical para os funcionários de uma grande indústria. Como explicar para um engenheiro mecânico que algumas orações subordinadas adjetivas não são separadas por vírgulas? Vou ter de explicar sintaxe para eles? Professor, caso tenha algum atalho, algum esquema infalível, me ajude, por favor. Quero que eles se lembrem para sempre das minhas aulas.

Daniel A. – Marília (SP)

Meu caro Daniel: se houvesse uma maneira rápida e urgente de ensinar a pontuação das adjetivas, eu já a teria publicado há muito. NÃO EXISTE esse esquema mágico, só conhecido por mim, e que eu estaria poupando para divulgar numa ocasião oportuna, tipo o quarto segredo de Fátima. Aqui só funciona uma explicação cuidadosa do que são as orações adjetivas em geral (ligadas sempre a um **substantivo**, ocupam o lugar do **adjetivo**) e a distinção entre as RESTRITIVAS e as EXPLICATIVAS (que, como você deve ter aprendido no curso de Letras, depende exclusivamente de Lógica Formal, não de diferençazinhas gramaticais). Como você tem formação superior, entende perfeitamente algo que o leigo não consegue conceber: há assuntos que são difíceis só porque até agora foram mal abordados; uma explicação engenhosa pode torná-los milagrosamente fáceis. Outros, no entanto, são difíceis pela própria natureza, e não por falha das explicações tradicionais. Este é um deles.

A explicação deve começar obrigatoriamente pela sintaxe. Não há como estudar pontuação sem primeiro repassar toda a estrutura da frase do Português. **Pontuação é sintaxe pura**; quem não entendeu isso, não vai entender jamais o emprego dos sinais.

O caso específico das orações adjetivas é pior ainda, porque saímos da sintaxe para entrar no pouco trilhado caminho da SEMÂNTICA, já que estas são as únicas vírgulas que alteram, por sua presença ou por sua ausência, o sentido da frase. Portanto, se aceita uma sugestão, trate de explicar direitinho as orações adjetivas do ponto de vista sintático, para depois então entrar na diferença entre as que se referem à totalidade do conjunto expresso pelo substantivo a que se ligam (as EXPLICATIVAS) e as que se referem apenas a uma parte dele (as RESTRITIVAS). Pode ser que assim suas aulas se tornem inesquecíveis, como você deseja.

Orações adjetivas no subjuntivo

O senhor poderia analisar estes períodos quanto à pontuação das orações introduzidas pelo pronome relativo QUE? No segundo período, segundo o que entendi, temos uma adjetiva RESTRITIVA e, por isso, ficou sem vírgulas. Estou certo?

1 – ...os consumidores, QUE EXERÇAM atividades de fabricação de equipamentos...
2 – ...os consumidores QUE EXERÇAM atividades de petroquímica e outros químicos...

Roberto B. – Brasília

Meu caro Roberto: estas duas orações subordinadas adjetivas devem ficar **sem vírgulas**, porque ambas são adjetivas RESTRITIVAS. A distinção entre uma **restritiva** e uma **explicativa** é o problema mais sutil da pontuação do Português e de todas as línguas ocidentais modernas; trata-se, no fundo, de um problema de Lógica. Todavia, por uma dessas coincidências, os dois períodos numerados da resolução são exemplos idênticos de um dos casos mais simples de identificar: quando o verbo da oração adjetiva estiver no SUBJUNTIVO, ela será necessariamente **restritiva** (e, portanto, **sem** as vírgulas).

Na verdade, só podemos ter dúvida quanto à classificação das adjetivas quando o verbo estiver em algum tempo do modo INDICATIVO. Por exemplo: na frase "os soldados QUE NECESSITAM DE ATENDIMENTO MÉDICO devem...", há duas formas diferentes de entender e pontuar a oração sublinhada: ou deixamos **sem** vírgulas, por considerá-la RESTRITIVA (estamos falando apenas de **uma parte** dos soldados); ou a colocamos entre vírgulas – "os soldados, QUE NECESSITAM DE ATENDIMENTO MÉDICO, devem..." –, sinalizando-a como EXPLICATIVA (estamos falando de **todos** os soldados).

No entanto, se o verbo estivesse no SUBJUNTIVO, só haveria **uma** maneira correta de pontuar (e de entender) o período: "os soldados QUE NECESSITAREM de atendimento médico devem...": ela seria indiscutivelmente **restritiva**. Nos exemplos que você enviou, a CGCE refere-se, todo o tempo, aos "consumidores que **exerçam**", afirmando, implicitamente, que há consumidores que "não exercem". Essa é a típica atuação das adjetivas RESTRITIVAS; nenhum desses períodos pode receber vírgula antes do "que".

Aposto circunstancial

Professor, solicito o obséquio de informar-me se há vírgula na frase "As alunas NERVOSAS não saíram bem na prova". Caso *haja, o que justifica a colocação uma vírgula na oração como esta? Seria "nervosas" um **adjetivo** com função de **advérbio**?*

Raimundo Nonato F.

Meu caro Raimundo, depende do que está sendo dito. Compare as duas versões abaixo (ambas estão corretas, mas dizem coisas diferentes):

As alunas NERVOSAS não foram bem na prova.

As alunas, NERVOSAS, não foram bem na prova.

Deixar "nervosas" entre vírgulas indica que TODAS as alunas estavam nervosas e, por isso, não tiveram um bom resultado na prova. Por outro lado, se não usarmos pontuação alguma, o significado da frase é diferente: dentre as alunas, as que estavam nervosas não tiveram bom resultado. Em qualquer das duas versões, este "nervosas" é um ADJETIVO, flexionado no plural feminino para concordar com "alunas" – o que descarta totalmente a possibilidade de ser um ADVÉRBIO, palavra invariável por excelência.

A nuança adverbial que você captou, entretanto, está realmente presente – neste caso, a circunstância de CAUSA: "As alunas, **nervosas**, não fizeram boa prova" pode ser lida como "As alunas não fizeram boa prova porque estavam nervosas". Não raro, as adjetivas EXPLICATIVAS (estamos na sintaxe) podem expressar circunstâncias adverbiais (estamos na semântica); os antigos, exatamente por isso, falavam aqui de **aposto circunstancial**.

Elementos não restritivos

Professor, preciso solucionar uma dúvida atroz antes de enviar a mala-direta de nosso hospital. Na frase "A troca será feita na segunda-feira, quando os residentes voltarem às atividades", aquela vírgula está correta? Eu sinto que fica bem, mas aprendi que a oração adverbial só recebe vírgula quando estiver fora de seu lugar habitual. O que o senhor nos diz?

Maurílio V. – Salvador

Meu caro Maurílio, eu concordo em gênero, número e caso com aquela vírgula. Você não vai encontrar sua justificativa, porém, na regra dos adjuntos e orações adverbiais deslocadas, pois, como você mesmo aponta, ela está no final da frase, exatamente onde deveria estar. Se eu tivesse de enquadrá-la em uma das regras conhecidas, certamente escolheria a das orações adjetivas EXPLICATIVAS – embora, repito, trate-se de uma oração adverbial.

Ocorre que o conhecido contraste entre RESTRITIVAS e EXPLICATIVAS parece estar presente em outros cenários além das orações adjetivas; Celso Pedro Luft, a quem dedico a série de que faz parte este volume, estava convencido de que tal oposição faz parte de "um processo mais geral de marcar a maior ou menor importância frasal das estruturas secundárias ou anexas". Veja os exemplos abaixo: na segunda frase de cada par, o acréscimo de uma informação mais específica na oração principal faz com que a oração em destaque deixe de ser essencial:

O telegrama chegou depois que você tinha saído da reunião.

O telegrama chegou às 16h, DEPOIS QUE VOCÊ TINHA SAÍDO DA REUNIÃO.

O resultado dos testes foi como você predisse que seria.

O resultado dos testes foi negativo, COMO VOCÊ PREDISSE QUE SERIA.

Você vai receber o laudo assim que chegarem os resultados.

Você vai receber o laudo amanhã, ASSIM QUE CHEGAREM OS RESULTADOS.

Como você já terá percebido, esse é exatamente o caso da frase de sua mala-direta. Você poderá escolher, portanto, entre uma das duas versões abaixo:

A troca será feita QUANDO OS RESIDENTES VOLTAREM ÀS ATIVIDADES.

A troca será feita na segunda-feira, QUANDO OS RESIDENTES VOLTAREM ÀS ATIVIDADES.

Curtas

Adjetiva explicativa reduzida

> Professor, tenho de enviar um convite com os seguintes dizeres: "Convidamos Vossa Excelência para participar do lançamento da **Revista Ilustrada**, a realizar-se em 29 de setembro, às 18 horas, no Mercado Público". Pergunto: aquela vírgula após a palavra "Ilustrada" é necessária?
>
> Paula T. – Porto Alegre

Sim, Paula, você deve colocar uma vírgula ali porque A REALIZAR-SE EM 29 DE SETEMBRO é uma oração adjetiva EXPLICATIVA, **reduzida** de infinitivo. Na forma

desenvolvida ficaria "Convidamos Vossa Excelência para participar do lançamento da **Revista Ilustrada**, QUE SERÁ REALIZADO EM 29 DE SETEMBRO" – pontuada da mesma maneira.

Classificação das orações

> Prof. Moreno, na frase "Esse é o livro QUE QUERO COMPRAR", classifiquei a oração em destaque como ***subordinada adjetiva,*** mas meu professor disse que a resposta estava incompleta.
>
> Felipe S. – João Pessoa

Prezado Felipe: a oração "que quero comprar" realmente é uma subordinada adjetiva, ligada ao substantivo **livro**. Faltou, no entanto, defini-la como RESTRITIVA; ela não é, portanto, EXPLICATIVA, que deveria obrigatoriamente ser separada do antecedente por uma vírgula. Certamente foi a isso que o professor se referiu.

Adjetiva com pronome pessoal

> Por favor, professor, qual a forma correta? "Você QUE ESTÁ EM NATAL precisa conferir a beleza dessa praia" ou "Você, QUE ESTÁ EM NATAL, precisa...". É restritiva ou explicativa?
>
> Maria Odete B. – São Paulo

Maria Odete, eu pontuaria da segunda maneira, pois ela é uma **adjetiva explicativa**. Não esqueça que uma adjetiva RESTRITIVA sempre divide um conjunto em dois subconjuntos; em "Os peixes **que comem grãos** têm a carne delicada", a oração adjetiva está dividindo o conjunto geral dos **peixes** em duas partes, os que comem grãos e os que não comem. A adjetiva EXPLICATIVA, por sua vez, sempre se refere ao **conjunto todo**; em "Os tubarões, **que são carnívoros**, não têm predadores naturais", a oração adjetiva exprime uma verdade que se aplica a todos os indivíduos do conjunto dos tubarões.

Exatamente por causa disso, toda oração adjetiva que estiver ligada a um conjunto que está bem definido e limitado (e que, por isso mesmo, não pode ser dividido em dois subconjuntos) vai ser EXPLICATIVA. Isso ocorre com os pronomes pessoais – "**Eu**, que estou em Porto Alegre, deveria..."; "**Tu**, que moras em São Paulo, não foste à Bienal"; "**Vocês**, que estão na Inglaterra, não podem avaliar", etc. Não importa que em determinadas situações eu possa me dirigir a vários "vocês" diferentes – "**Você**, que mora em Brasília, tem mais oportunidades que **você**, que mora em Tiririca da Serra" –, porque presume-se que eu esteja falando primeiro com um interlocutor e depois com o outro, tornando-os, desta forma, conjuntos unitários.

Restritivas x explicativas: diferença de significado

> Há alguns dias participei de um concurso público em que perguntavam que modificação de sentido ocorreria se fosse suprimida a vírgula do período "Umberto Eco homenageia os cientistas, que combatem o obscurantismo científico". O senhor poderia explicar?
>
> Flávia R.

Prezada Flávia, que bela pergunta! Parece que ainda se encontram bancas de concurso que conseguem fazer uma prova acima da mediocridade que impera no ramo! Além de mencionar Umberto Eco – o que, por si só, já é elogiável –, a questão exige que o candidato saiba avaliar a importante diferença que existe entre uma RESTRITIVA e uma EXPLICATIVA. Assim como está, com vírgulas, a oração é EXPLICATIVA, ou seja, refere-se aos cientistas em geral, significando que Umberto Eco homenageou todos os cientistas e que estes, como classe, sempre combatem o obscurantismo. Já sem as vírgulas a frase passaria a dizer que Umberto Eco só homenageou os cientistas que combatem o obscurantismo, implicando, com isso, que há cientistas que não o fazem.

Aposto restritivo

> Professor, na frase "O escultor italiano Brecheret participou do Modernismo brasileiro" devo colocar o nome do autor entre vírgulas? Trata-se de um aposto explicativo?
>
> Mercedes G. – Guarulhos (SP)

Aqui vale o mesmo princípio das orações adjetivas: quando vêm sem vírgulas, são RESTRITIVAS, isto é, referem-se apenas a **uma parte** do conjunto; quando vêm com vírgulas, são EXPLICATIVAS, o que significa que se aplicam a **todos** os elementos do conjunto representado pelo substantivo. Se você pusesse o nome de Brecheret entre vírgulas, minha amiga, estaria afirmando, implicitamente, que você acha que a Itália até hoje só produziu um único escultor, que se chamava Brecheret e participou de nosso Modernismo. É por isso que você deve deixar a frase sem vírgulas, porque existem dezenas de escultores italianos. Temos aqui um aposto restritivo, e **Brecheret** é devidamente apresentado como um dos vários escultores que a Itália produziu (ao lado do "escultor italiano Giacometti", do "escultor italiano Manzù", etc.).

Subjuntivo nas restritivas

> Professor, li um artigo seu em que dizia que toda oração com verbo no *subjuntivo* é RESTRITIVA. Seria o caso da frase abaixo? "Se viver em área espaçosa *em que possa correr e brincar por conta própria*, este cão não precisa necessariamente de atividade complementar."

Heitor C. – São Paulo

Sim, Heitor, será **restritiva** toda oração adjetiva que vier com o verbo no modo SUBJUNTIVO (o que não impede, é claro, que haja outros tipos de orações substantivas e adverbiais que também admitem esse modo verbal). A eterna dúvida entre **restritivas** e **explicativas** só poderá aparecer quando a oração adjetiva trouxer o verbo no INDICATIVO. Na frase "Os alunos QUE FIZEREM EXAME MÉDICO", a oração adjetiva obrigatoriamente divide o conjunto dos alunos em dois subconjuntos – os que fizerem o exame e os outros.

Explicativa após pronome pessoal

> Caro Professor: na frase "não faça como eu QUE NÃO APRENDI", há uma oração subordinada adjetiva *restritiva* ou *explicativa*?

Em suma: há ou não vírgula nesta frase? Se houver, está errado o comercial de uma escola de idiomas que está sendo veiculada na mídia atualmente, onde um atleta diz, de boca cheia, "não faça como eu que não aprendeu!". Embora a rima seja bonitinha, ela foge completamente da regra, não é?

Rosi G. – São Paulo

Você tem razão, Rosi; a forma correta seria "Não faça como eu, que não aprendi". Deve ser separada com vírgula, pois é uma oração adjetiva EXPLICATIVA (ela se refere ao conjunto unitário "eu"). Além disso, a frase tem um erro feroz de concordância: o pronome **que** representa o **eu** da oração anterior, o que obriga o verbo **aprender** a ficar na 1ª pessoa: não faça como EU, que não APRENDI; não faça como ELE, que não APRENDEU; não faça como NÓS, que não APRENDEMOS. Considerando que se trata de campanha publicitária de uma escola...

II. O ponto-e-vírgula

Você costuma empregar o ponto-e-vírgula, caro leitor? A maior parte dos brasileiros (e americanos, e franceses, e espanhóis, e ...) responderia que NÃO, especialmente porque não enxergam nele nenhuma vantagem sobre os outros sinais, nenhuma característica especial que justifique o trabalho de usá-lo.

Como quase tudo o que se refere à pontuação depende de nossas preferências pessoais (em outras palavras, de nosso **estilo**), não podemos condenar quem atirou o ponto-e-vírgula para um canto, junto com outros trastes supostamente sem a mínima serventia – mas, pela mesma atitude democrática, também não se pode criticar aqueles que sabem apreciar o seu valor e explorar os seus recursos.

O ponto-e-vírgula passou por uma verdadeira crise de identidade no tempo em que a pontuação era vista apenas como uma forma de assinalar pausas. Na divisão das competências, restava-lhe uma função indefinida e subalterna, algo como "marcar uma pausa de duração pouco definida, no meio do caminho entre a vírgula e o ponto". Com um valor tão impreciso assim, não espanta que seu emprego tenha se tornado cada vez mais raro.

Na teoria atual da pontuação, contudo, o ponto-e-vírgula – assim como aconteceu com a vírgula – passou a ter grande utilidade para orientar a leitura de estruturas sintáticas mais extensas. Sem mencionar seu emprego habitual para encerrar **alíneas**, ele nos pode ser útil em três situações bem definidas.

I – Organizando enumerações complexas

Este sinal é praticamente indispensável quando precisamos pontuar uma enumeração cujos elementos já contenham vírgulas (geralmente apostos). Se usarmos apenas vírgulas para separar esses itens – como fazemos com as enumerações simples –, a pontuação ficará tão confusa que deixaria de orientar o leitor, perdendo assim sua única razão de existir. Compare os dois exemplos abaixo:

> No mesmo vagão vinham Antero, meu tio; Artur, meu primo; Aninha e Adinha, minhas primas; Adalgisa, minha tia e mãe de Artur; e Arlindo, seu marido.
>
> No mesmo vagão vinham Antero, meu tio, Artur, meu primo, Aninha e Adinha, minhas primas, Adalgisa, minha tia e mãe de Artur, e Arlindo, seu marido.

Enquanto na primeira versão a presença do ponto-e-vírgula deixa claro o limite entre um item e outro, a leitura da segunda versão fica praticamente impossível. Com ele, o primeiro texto permite que todos os leitores recebam a mesmíssima informação; sem ele, o segundo se abre a uma dúzia de interpretações. Veja outro exemplo:

> O rei, isolado e autoritário, vinha na frente; o clero e a nobreza, na direita; os indecisos, alguns burgueses e alguns mercadores, no centro; os camponeses, trabalhadores e pobres, na esquerda.

Dizia um gramático com veia cômica que este tipo de ponto-e-vírgula, no fundo, não passa de uma vírgula que recebeu uma promoção inesperada – ou seja, é um ponto-e-vírgula que seria apenas uma vírgula se os elementos da enumeração não contivessem suas próprias vírgulas internas.

2 – Separando orações coordenadas assindéticas

Formamos um período composto por coordenação quando ligamos duas orações por meio de uma **conjunção coordenativa**. A primeira oração é conhecida como COORDENADA INICIAL; a segunda é classificada de acordo com sua relação com a primeira. Se ela exprimir um conteúdo que se opõe ao da inicial, ela será

ADVERSATIVA; se ela contiver a conclusão do que foi enunciado na inicial, será CONCLUSIVA – e assim por diante. Muitas vezes, porém, podemos suprimir a conjunção da segunda oração, que passa a ser classificada simplesmente de ASSINDÉTICA (nome de origem grega que significa, literalmente, "sem conjunção"). As duas orações continuam coordenadas por justaposição, separadas apenas pela pontuação:

(1) Vamos chamar a segunda colocada, pois a primeira não entregou a documentação.

(2) *Vamos chamar a segunda colocada, a primeira não entregou a documentação.

(3) Vamos chamar a segunda colocada. A primeira não entregou a documentação.

(4) Vamos chamar a segunda colocada; a primeira não entregou a documentação.

Das três versões **assindéticas** (sem o "pois"), a nº 2, apenas com vírgula, só é aceitável na língua escrita culta quando se reproduz, nos diálogos literários, a fala dos personagens. Embora as outras duas estejam corretas – com ponto ou com ponto-e-vírgula –, você não deve esquecer, ao optar entre elas, que a nº 4 é mais vantajosa em termos de **coesão**, pois obriga todos os leitores, mesmo os desatentos, a perceber o vínculo semântico que as duas orações mantêm entre si – ou seja, a perceber que o pensamento iniciado na maiúscula prolongou-se até o momento em que você o declarou encerrado com o ponto final. O ponto-e-vírgula, nestes casos, cria uma expectativa pela parte da frase que ainda falta ler.

3 – Separando orações introduzidas por conjunções pospositivas

Esta regra abrange todas as conjunções ADVERSATIVAS (exceto **mas**) – **porém, todavia, contudo, entretanto, no entanto, não obstante** – e todas as conjunções CONCLUSIVAS, sem exceção – **logo, portanto, pois, por conseguinte, consequentemente**. Todas elas se comportam como se fossem verdadeiros ADVÉRBIOS, pois, ao contrário das demais conjunções, **elas podem se deslocar ao longo da oração em que se encontram**. É dessa curiosa propriedade que vem o nome de POSPOSITIVAS, isto é, as "que podem ser pospostas" (e é daí, também, que vem o costume da gramática do Inglês de classificá-las entre os ADVÉRBIOS, não entre as CONJUNÇÕES). Quando você tiver duas orações ligadas por um desses conectores, poderá encerrar a coordenada inicial usando um **ponto** ou um **ponto-e-vírgula**:

Ele nadava muito bem; CONTUDO, não conseguiu vencer a correnteza.

O voo sai às nove. PORTANTO, espero vocês às oito em ponto.

As conjunções pospositivas, honrando seu nome, podem deslocar-se para o interior da segunda oração:

Ele nadava muito bem; não conseguiu, CONTUDO, vencer a correnteza.

Ele nadava muito bem; não conseguiu vencer a correnteza, CONTUDO.

O voo sai às nove; espero vocês, PORTANTO, às oito em ponto.

O voo sai às nove; espero vocês às oito em ponto, PORTANTO.

Existem alguns pontos que devem ser destacados:

(1) Note que o ponto-e-vírgula não sai de sua posição; ele está ali para assinalar o fim da primeira parte do período.

(2) No seu lugar, seria também correta a utilização de um simples **ponto**, mas haveria, é claro, a perda do efeito coesivo que vimos acima.

(3) A conjunção, uma vez deslocada, passa a ser tratada como uma intercalação comum, ficando obrigatoriamente separada por vírgulas.

Quando o **porém** e seus sinônimos se encontram **no início** da segunda oração, há autores que recomendam a mesma pontuação que utilizamos com o **mas** (enquanto a conjunção **mas** sempre vai ficar no início da oração que introduz, seus sinônimos – que são, na verdade, **advérbios** – podem deslocar-se livremente):

Ele está atrasado, PORÉM vai fazer a prova.

Embora não possamos condenar esta prática (já que, como vimos, as "regras" de pontuação têm quase a natureza de "recomendações"), achamos mais coerente usar a mesma pontuação para todos os casos, independentemente da posição em que se encontra a conjunção:

Ele chegou atrasado; PORÉM, vai fazer a prova.

Ele chegou atrasado; vai, PORÉM, fazer a prova.

Ele chegou atrasado; vai fazer a prova, PORÉM.

Os dois tipos de POIS

Professor, tenho dificuldade em saber quando deixo o POIS entre vírgulas ou simplesmente ponho uma vírgula antes. Já vi dos dois jeitos, mas não sei se podemos escolher livremente entre eles. É um caso facultativo?

Ariane J. – Bragança Paulista (SP)

Não, prezada Ariane, não se trata de um caso facultativo. Se você conhece algum par de gêmeos idênticos, vai compreender facilmente o que está ocorrendo: existem **dois tipos** de pois, com pontuações diferentes. O primeiro **pois** é EXPLICATIVO, sinônimo de **porque**; o segundo é CONCLUSIVO, sinônimo de **portanto**:

$POIS_1$ = **porque** (explicativo):

Ela deve estar doente, POIS não vem à aula há duas semanas.

$POIS_2$ = **portanto** (conclusivo):

O rádio anuncia chuva; devemos, POIS, deixar toda a casa fechada.

A diferença entre eles fica marcada exatamente pela **posição** que ocupam na frase. O território da **segunda** oração é dividido em duas seções estanques; onde um pisa, o outro não põe o pé:

$POIS_1$	$POIS_2$

O primeiro POIS tem lugar fixo: sempre virá no **início** da segunda oração, antecedido de vírgula. O segundo, para distinguir-se dele, sempre será **pospositivo**, isto é, sempre virá deslocado, podendo ocupar qualquer lugar na segunda oração, **exceto o início**:

O rádio anuncia chuva; devemos deixar, POIS, toda a casa fechada.

O rádio anuncia chuva; devemos deixar toda a casa fechada, POIS.

Pontuação das adversativas

*É correto empregar **ponto final em vez de vírgula antes da conjunção coordenativa**? Para facilitar o entendimento, vou usar um período de um de seus artigos: "A etimologia – sozinha – tem suas limitações: ela não explica a origem de todas as palavras. **No entanto**, sempre pode trazer novas ideias e agitar o pensamento".*

Cláudio L.S. – Tapes (RS)

Meu caro xará, posso deduzir, pela pergunta, que você deve ter aprendido, em algum lugar, que **sempre** se deve empregar **vírgula** antes das **coordenadas sindéticas**. Sinto dizer-lhe que não é assim que funciona a pontuação, especialmente no caso das ADVERSATIVAS. Neste grupo, vamos separar com **vírgula** as orações introduzidas por **mas**, e com **ponto** ou **ponto-e-vírgula** as introduzidas por seus sinônimos (**porém**, **todavia**, **contudo**, **no entanto**, **entretanto**, etc.). Observe as três versões da mesma frase, **todas corretas**:

Ele está cansado, MAS vai entregar o trabalho na data marcada.

Ele está cansado; CONTUDO, vai entregar o trabalho na data marcada.

Ele está cansado. CONTUDO, vai entregar o trabalho na data marcada.

Essa diferença de pontuação entre o **mas** e seus sinônimos é clássica e se deve ao caráter claramente

adverbial destes últimos. A nossa nomenclatura é que os chama, equivocadamente, de **conjunções**, sem levar em conta o fato fundamental de que todos eles são **pospositivos** (isto é, deslocáveis para a direita, na oração a que pertencem), característica inadmissível nas verdadeiras conjunções:

> Ele está cansado; vai entregar, CONTUDO, o trabalho na data marcada.
>
> Ele está cansado; vai entregar o trabalho na data marcada, CONTUDO.

É por isso que a gramática do Inglês, mais acertadamente, chama o *but* (o nosso "mas") de **conjunção**, mas classifica todos os demais (*however*, *nevertheless*, etc.) de *conjunctional* (ou *conjunctive*) *adverbs* (algo como "advérbios conjuncionais"; o Francês, que, como nós, também é filho do Latim, denomina-os de *adverbes conjonctifs)*. Esses advérbios conjuncionais são advérbios na forma, mas podem funcionar semanticamente como conjunções, servindo também para ligar duas orações. O professor Kip Wheeler, do Carson-Newman College, tem uma maneira jocosa de explicar o problema (a tradução é minha):

> "Às vezes os advérbios conjuncionais pensam que são conjunções completas e tentam ligar duas orações independentes. Triste pretensão! Eles NÃO são conjunções e NÃO podem fazer esta tarefa sozinhos. Como sempre, nestes casos, protegem-se atrás de um **ponto-e-vírgula**, e é este sinal que vai realmente juntar as duas orações. Estes advérbios conjuncionais sempre deverão ser seguidos de uma vírgula:
>
> O assaltante esquivou-se da bala; CONTUDO, Joey foi atingido várias vezes.

Susan gostou muito das flores; TODAVIA, um carro novo teria sido um presente melhor.

Dr. Wheeler é um tirano gramatical; POR CONSEGUINTE, não admite erros de pontuação.

Os advérbios conjuncionais pensam que são conjunções; ENTRETANTO, é o ponto-e-vírgula que faz o trabalho de unir as orações.

Nessas frases, quem usar uma vírgula em vez do ponto-e-vírgula terá cometido um erro de pontuação conhecido como **frases siamesas** ou **frases xifópagas** ["*comma splice*", em Inglês]. Construções como estas exigem que o advérbio conjuncional seja precedido de um ponto-e-vírgula."

(http://web.cn.edu/kwheeler/gram_conj_adv.html)

Para aproveitar integralmente a explicação do professor, basta substituir "advérbios conjuncionais" pelas nossas "conjunções" pospositivas (denominação, como podemos ver, completamente inadequada). Este tipo de conector, como exemplifiquei acima, só pode ficar entre vírgulas quando estiver **deslocado**. A frase do meu artigo ficaria **errada** se colocássemos vírgula antes de **no entanto**, como você parece sugerir:

*A etimologia – sozinha – tem suas limitações: ela não explica a origem de todas as palavras, no entanto, sempre pode trazer novas ideias e agitar o pensamento.

Outra coisa: exatamente por esse caráter especial desses conetivos, são eles que vamos usar preferencialmente quando queremos ligar **dois parágrafos** entre si e indicar, ao mesmo tempo, que o conteúdo do segundo se opõe ao conteúdo do primeiro.

Pontuação da segunda coordenada

*Prezado professor: uma frase que o senhor escreveu gerou uma grande discussão entre mim e meus colegas, todos professores também. Ninguém, é claro, estava pondo em dúvida a sua competência, que aprendemos a respeitar. O problema é de **análise sintática** – mais precisamente, da classificação de orações. Numa consulta sobre "em mão" ou "em mãos", o senhor escreveu: "A tradição manda empregarmos **em mão**, por ser o início da expressão **em mão própria**, usada no sobrescrito de uma correspondência entregue por mensageiro ou por pessoa de confiança. É assim que eu uso, e assim eu recomendaria que todos fizessem. Modernamente, contudo, a forma **em mãos** já é considerada aceitável pela maior parte dos gramáticos." A questão é o último período – "Modernamente, CONTUDO, a forma em mãos...". Se considerarmos a conjunção empregada, teríamos de classificar a oração de **coordenada sindética adversativa**, mas isso não parece possível, já que ela, como está isolada, não participa de um período composto por coordenação. O que está acontecendo aqui?*

Daniela V. – Anápolis (GO)

Prezada Daniela, professores como vocês não travariam uma discussão se o ponto realmente não fosse controvertido. Neste caso, o responsável pelo imbróglio é o costume que nossas gramáticas escolares têm de ignorar a diferença entre CONJUNÇÕES, de um lado, e ADVÉRBIOS CONJUNCIONAIS, de outro. O que têm em comum os conectores **mas**, **porém**, **todavia**, **contudo**, **entretanto**, **no entanto**, **não obstante**? Todos, **semanticamente**, exprimem a mesma ideia de **oposição** – mas não se comportam da mesma maneira do ponto de vista **sintático**. Conforme já vimos, enquanto a conjunção **mas** sempre vai ficar no início da oração que introduz, seus sinônimos – que são, na verdade, **advérbios** – podem deslocar-se livremente:

> Façam o que quiserem, MAS não contem comigo.
> Façam o que quiserem; CONTUDO, não contem comigo.
> Façam o que quiserem; não contem, CONTUDO, comigo.
> Façam o que quiserem; não contem comigo, CONTUDO.

Essa diferença de comportamento tem reflexos na pontuação: os ADVÉRBIOS CONJUNCIONAIS vêm sempre antecedidos por um ponto-e-vírgula (ou por um ponto) e seguidos de uma vírgula; quando deslocados, ficam entre vírgulas como qualquer outro elemento intercalado. Ora, esses advérbios que, à semelhança das conjunções, servem para coordenar duas **orações**, também podem relacionar dois **períodos** ou até mesmo dois **parágrafos**. A estrutura, embora estejamos combinando unidades maiores, é semelhante; a única diferença é que aqui o **ponto** aparece no lugar do **ponto-e-vírgula**:

> **Marinho** é o que nasce no mar, que é natural do mar, que pertence ao ecossistema do mar; **marítimo** é o que está junto ao mar, o que foi posto no mar pelo homem, o que o homem realiza no mar. Dessa forma, temos **aves marinhas**, **monstros marinhos**, **brisa marinha** e **sal marinho**, de um lado, e **cidades marítimas**, **viagens marítimas**, **plataforma marítima** e **navegação marítima**, do outro.

CONTUDO, esta distinção não foi observada no caso das correntes, pois os falantes preferem, na proporção de dois para um, chamá-las de **correntes marítimas.** Um gramaticão intolerante já começaria a dizer que está errado e que o certo deveria ser **corrente marinha**, mas os bons dicionários tratam de registrar as duas formas, pois sabem que não cabe a eles decidir.

Como você pode ver pelo exemplo acima, ou pela frase que gerou toda a discussão – "Modernamente, CONTUDO, a forma **em mãos** já é considerada aceitável pela maior parte dos gramáticos"–, a presença desse nexo adversativo não significa necessariamente que estamos lidando com um "período composto por coordenação", já que passamos para o âmbito dos parágrafos, unidades muito maiores que o período. Certamente era por isso que os meus professores, todos à moda antiga, proibiam o emprego do **mas** no início da frase. Para eles, esta conjunção deveria sempre aparecer ligando uma coordenada adversativa à coordenada inicial, reservando-se para o **porém**, o **todavia**, o **contudo**, etc., a função de relacionar as unidades maiores.

Maiúsculas depois do ponto-e-vírgula

Prezado Professor, minha orientadora não aceita que eu empregue letras maiúsculas depois do ponto-e-vírgula, dando continuidade à frase. Preciso imensamente de sua resposta, pois ela disse que não vai admitir esse procedimento enquanto eu não levar uma gramática que o autorize.

Graziela B. – Passo Fundo (RS)

Minha prezada Graziela: como era de esperar, a razão está com sua orientadora (não é por acaso que ela está onde está) – a **vírgula**, o **ponto-e-vírgula** e o **dois-pontos** fazem parte da pontuação INTERNA da frase; o ponto **simples**, o ponto de **exclamação**, o ponto de **interrogação** e o ponto repetido (**reticências**) constituem a pontuação EXTERNA. Ora, como as maiúsculas indicam o início de uma nova frase, elas só podem aparecer, evidentemente, após as marcas de pontuação **externa**. Como se considera que depois vírgula, do ponto-e-vírgula e do dois-pontos a frase ainda continua, a norma (e o costume de todos os que escrevem bem) é usar **minúscula**. Nos autores que falam sobre a pontuação no Inglês, vamos encontrar alguns que recomendam o emprego da maiúscula depois do **dois-pontos**, mas nem mesmo estes ousam defender tal prática para o ponto-e-vírgula.

Ponto ou ponto-e-vírgula?

Professor, eu me acostumei a usar o ponto nos lugares em que o senhor recomenda o ponto-e-vírgula. Isso pode me prejudicar a avaliação de meus textos? Estou perdendo alguma coisa ao não empregar este sinal?

Danilo B. – Uberlândia (MG)

Olha, Danilo, eu sou um pouco suspeito para falar, porque defendo (e uso) entusiasticamente o ponto-e-vírgula. Para mim, o emprego deste sinal é uma forma de combater a praga moderna que faz os adultos escreverem como se fossem crianças. A escola tem uma boa culpa disso; nos anos 70 e 80, a moda era ensinar a escrever com base no modelo do jornal diário, pois, como se alegava naqueles anos loucos, uma prova indiscutível da eficiência deste estilo era o fato de que milhões de leitores compreendiam os textos assim escritos. Como se vê, aquela que era (e sempre será) uma qualidade intrínseca da linguagem jornalística foi elevada à categoria de virtude suprema de qualquer texto, e várias gerações foram educadas sob o princípio equivocado de que o ideal seria expressar-se em períodos simples, geralmente curtos, formados de uma única oração.

Ainda hoje, diga-se de passagem, encontramos adeptos dessa receita ultrapassada. Não esqueço o olhar atônito que me lançaram os professores de uma escola em que fui dar uma palestra sobre redação. Um deles, sinceramente preocupado, confessou que ainda aconselhava a frase curta a seus alunos e pediu desculpas por não estar a par da nova teoria em que eu me baseava. Nova! Fiquei constrangido, de minha parte, por ter de explicar àqueles colegas que o período composto – seja por coordenação, por subordinação ou simplesmente por intercalação – é o mais poderoso instrumento que o Ocidente desenvolveu em dois mil anos de tradição escrita, já que, ao reunir várias orações em um todo articulado, permite que o leitor perceba imediatamente a conexão entre as ideias e sua hierarquia. Não se tratava, expliquei, de combater a frase curta em si mesma; quando bem usada, no momento oportuno, ela também tem seu lugar no desenvolvimento de um texto. Contudo, o seu uso constante gera aquele estilo fragmentado e tatibitate que os americanos chamam de *"primer style"* – o estilo da cartilha. Eu estudei, por exemplo, na famosa cartilha ***O livro de Lili***; um de seus textos – "Olhem para mim. Eu me chamo Lili. Eu como muito doce. Vocês gostam de doce? Eu gosto tanto de doce!" –, poderia ser assinado por muita gente que anda publicando por aí...

Ora, empregar o ponto-e-vírgula em vez do ponto, quando temos duas orações coordenadas assindéticas, não vai fazer reverter essa melancólica tendência a frases nanicas, mas certamente vai ajudar. Se opto pelo **ponto**, como faz a maioria, divido a frase original em dois segmentos, na esperança de que a atenção e a perspicácia do leitor o farão perceber que se trata de duas partes de um mesmo todo; se, no entanto, opto pelo **ponto-e-vírgula**, deixo evidente que meu pensamento começou na maiúscula e só foi concluir quando encontrou o ponto final:

> Preciso falar com você. Muitas coisas precisam ser esclarecidas.

> Preciso falar com você; muitas coisas precisam ser esclarecidas.

A diferença pode parecer pequena, mas é inegável que – ao contrário do papel-moeda, em que não ganhamos nada em trocar duas notas de dez por uma de vinte –, ganhamos bastante ao trocar duas frases curtas por uma frase mais longa, pois o ponto-e-vírgula, ao avisar o leitor de que a sequência vai continuar, ressalta a ligação entre as duas partes e reforça a relação semântica entre as duas orações. Não é por acaso que, na França, teve ampla repercussão, em 2008, o anúncio de que a administração Sarkozy teria instituído uma comissão para regulamentar o emprego da pontuação nos documentos administrativos e – expressamente! – promover a reabilitação do ponto-e-vírgula. É claro que tudo não passava de uma brincadeira de 1º de abril – mas a seriedade com que foi recebida a ideia dá uma medida de quanto os franceses estão preocupados com o empobrecimento do estilo escrito em seu país.

III. O dois-pontos

Na Idade Média, quando a pontuação ainda tinha a função de orientar a leitura em voz alta, o dois-pontos correspondia a uma pausa moderada, com uma elevação da voz que informava aos ouvintes que a frase ainda não tinha terminado, pois o que viria em seguida era a metade que estava faltando para que a ideia ficasse completa.

Embora tenha ocorrido uma mudança radical no objetivo da pontuação – que passou, como vimos, a desempenhar uma função exclusivamente sintática –, o dois-pontos continua a avisar o leitor de que existe uma ligação lógica entre o que acabamos de dizer e a **informação suplementar** que vamos fornecer em seguida. Essa informação adicional contida na segunda parte da frase pode ser uma **causa**, uma **consequência**, uma **análise**, uma **síntese** ou uma **exemplificação** da primeira.

Por causa da representação gráfica deste sinal, houve quem o comparasse a um portal que convida o leitor a continuar – ou, numa metáfora mais comercial, a um aviso de que ainda falta entregar uma parte da mercadoria. O fato é que o seu emprego dá ênfase especial a tudo o que vier DEPOIS dele, pois deliberadamente chama a atenção do leitor para aquilo que vai ser mostrado. Ele pode introduzir praticamente qualquer coisa: uma palavra, uma oração, uma citação ou uma lista (como acabamos de fazer).

I – Introduzindo uma enumeração

Neste caso, o dois-pontos introduz a relação dos itens que compõem um determinado conjunto já mencionado na primeira parte da frase:

Apesar de sua fama, o cantor fez exigências muito singelas à produção do espetáculo: **água mineral, frutas frescas, pizza de queijo e toalhas secas**.

É importante lembrar que a frase que vem ANTES deste sinal deve ser **independente** – ou seja, os itens que vêm à direita do dois-pontos não podem ser **partes integrantes da sua estrutura sintática**. Na frase abaixo, por exemplo, a enumeração não pode ser separada por dois-pontos porque a frase não ficaria completa sem ela:

Os três países mencionados no relatório eram **o Brasil, a Venezuela e a Argentina**.

Aqui reencontramos um velho conhecido nosso: o princípio de **nunca separar o que é inseparável** (o sujeito do verbo, o verbo do complemento, etc.). Desmontando esta frase, temos o **sujeito** ("os três países mencionados no relatório"), um **verbo de ligação** ("eram") e um **predicativo** ("o Brasil, a Venezuela e a Argentina"). Portanto, se colocássemos (como muitos costumam fazer, na imprensa brasileira) um dois-pontos após o verbo, estaríamos seccionando uma ligação que jamais deve ser rompida. O mesmo ocorre nestes outros exemplos:

> Sua receita secreta de molho, herdada da avó, incluía **manjericão, noz moscada, azeitonas e uma pitada de açúcar**.

> Depois da última rodada, continuam com chance de classificação **o Palmeiras, o Internacional, o São Paulo, o Flamengo e o Cruzeiro**.

Se fizermos questão de empregar o dois-pontos, basta reformular a frase para que a enumeração deixe de fazer parte de sua estrutura:

> Sua receita secreta de molho, herdada da avó materna, incluía **vários ingredientes esquisitos**: cerveja preta, noz moscada, azeitonas e uma pitada de bicarbonato.

> Depois da última rodada, continuam com chance de classificação **as seguintes equipes**: o Palmeiras, o Internacional, o São Paulo, o Flamengo e o Cruzeiro.

Na primeira frase, o **objeto direto**, que era representado pela enumeração, agora é "vários ingredientes esquisitos"; na segunda, o **sujeito**, que era representado pela lista de times, agora é "as seguintes equipes". As duas enumerações deixaram de fazer parte do corpo da frase e podem vir antecedidas de dois-pontos, tornando-se, ambas, simples **apostos** (mais precisamente, **apostos enumerativos**).

2 – Introduzindo uma citação

O dois-pontos costuma ser usado para introduzir uma CITAÇÃO FORMAL – quando reproduzimos textualmente as palavras de seu autor, que é distinta da CITAÇÃO CONCEPTUAL – quando reproduzimos, **com nossas próprias palavras**, as ideias de outrem. Nas citações formais, o dois-pontos costuma vir seguido de **aspas** de abrir e **maiúscula**:

Quando não gostava do que lia, lá vinha ele com a genial frase do Millôr: "Houve um tempo em que os animais falavam; hoje eles escrevem".

Nas citações – embora continue valendo o princípio de não separar com pontuação os elementos necessários para completar a estrutura da frase, como mostra o primeiro exemplo, abaixo –, abre-se uma exceção para os *verba dicendi* (em Latim, "verbos de dizer"): **afirmar**, **responder**, **alegar**, **dizer**, **comentar**, **declarar**, etc.:

Lembro muito bem que seu conselho favorito **era** "Colhe os frutos que a vida te oferece".

Falando da obra *As 1001 Noites*, Jorge Luiz Borges **disse**: "Minha ignorância do árabe permitiu-me lê-las em muitas traduções".

Quando perguntaram o que ele achava de alguns autores da moda, André Maurois **respondeu**: "Em literatura, como no amor, ficamos espantados com o que os outros escolhem".

No primeiro exemplo, a citação é o **predicativo** da frase e, portanto, não pode ser separada do verbo **ser**. Nos dois outros exemplos, contudo, embora as duas citações sejam **objetos diretos** dos verbos **dizer** e **responder**, respectivamente, a tradição ocidental consagrou o emprego do dois-pontos com esse tipo de verbo.

O que vale para as **citações** pode ser estendido aos **diálogos**: o DISCURSO INDIRETO – isto é, quando nos limitamos a relatar com nossas próprias palavras o que foi dito pelo personagem – corresponde à citação CONCEPTUAL, recebendo pontuação idêntica:

O porteiro disse que a polícia tinha estado duas vezes no prédio.

A diretora respondeu que não pretendia atender nosso pedido.

Por sua vez, o DISCURSO DIRETO – isto é, quando reproduzimos textualmente as palavras do personagem – corresponde à citação FORMAL, admitindo, por isso, o dois-pontos depois do verbo *dicendi*:

O porteiro disse: "A polícia esteve duas vezes aqui no prédio".

A diretora respondeu: "Não pretendo atender o pedido de vocês".

3 – Assinalando uma relação de causa ou consequência

Também podemos usar o dois-pontos para introduzir uma oração que tem uma relação de **causa** ou de **consequência** com a anterior. Neste caso, o sinal funciona como se fosse uma verdadeira conjunção, isto é, indica que a oração que está à direita é uma **justificativa** ou uma **decorrência** do que afirmamos na primeira oração:

Depois de seis horas, o júri chegou a uma decisão surpreendente: o réu foi absolvido.

Ele não gostou da cerimônia da premiação: seu rival conquistou vários troféus.

Desta vez ela jura que vai se abster de votar: os dois candidatos são seus amigos de infância.

Hoje compreendi por que Páris estava indeciso ao decidir entre Atena, Hera e Afrodite: qualquer que fosse sua escolha, ele conquistaria duas terríveis inimigas.

Saí decepcionado com o filme: nunca vi nada tão medíocre.

Dois-pontos e aposto enumerativo

Professor, minha orientadora mandou que eu reformulasse a seguinte passagem do meu trabalho: "Os autores destacam dois tipos de pesquisa qualitativa: a etnográfica e o estudo de caso, e mencionam várias autoridades para compor e elucidar a discussão." É o dois-pontos que está errado? O senhor acha que minha frase tem remédio?

Márcia R.

Prezada Márcia, a orientadora tem razão: assim como está não pode ficar. Há muitas maneiras de reescrever este texto, mas, se fosse meu, eu o pontuaria desta forma (os dois exemplos abaixo são válidos):

> Os autores **destacam** dois tipos de pesquisa qualitativa, a etnográfica e o estudo de caso, e **mencionam** várias autoridades cujo trabalho ajudaria a compor e elucidar a discussão.

> Os autores **destacam** dois tipos de pesquisa qualitativa – a etnográfica e o estudo de caso – e **mencionam** várias autoridades cujo trabalho ajudaria a compor e elucidar a discussão.

Só assim fica assegurado o paralelismo estrutural entre DESTACAM e MENCIONAM, que é o eixo principal desta frase. As duas versões acima estão corretas, mas o **aposto** ("a etnográfica e o estudo de caso") fica muito mais claro na segunda, por causa dos **travessões** (lembro, mais uma vez, que o aposto sempre deve ser assinalado por **pontuação de intercalação**, o que pode ser feito tanto com vírgulas quanto com travessões ou parênteses). O emprego do **dois-pontos** só teria sentido se dividíssemos a frase original em duas, deslocando para o período seguinte a ideia contida na oração coordenada aditiva:

> Os autores destacam dois tipos de pesquisa qualitativa: a etnográfica e o estudo de caso. Além disso, mencionam várias autoridades cujo trabalho ajudaria a compor e elucidar a questão.

Dois-pontos com enumeração

Prof. Moreno, está adequado o emprego do dois-pontos na frase abaixo?

Entre as medidas que podem reduzir acidentes, os pesquisadores sugerem, além da desobstrução de corredores: a pavimentação, a sinalização e a iluminação de rotas preferenciais para quem anda a pé.

Alguma coisa me diz que estamos mutilando a estrutura sintática, deixando separado, assim, o verbo do seu objeto direto – ou eu estaria vendo fantasmas?

Josué A. – Brasília

Prezado Josué: este dois-pontos realmente está errado; no seu lugar deveria figurar uma **vírgula**:

> Entre as medidas que podem reduzir acidentes, os pesquisadores sugerem, além da desobstrução de corredores, a pavimentação, a sinalização e a iluminação de rotas preferenciais para quem anda a pé.

Por que não cabe aqui um dois-pontos? Por causa de um princípio básico, tantas vezes destacado neste livro: nenhum sinal de pontuação pode interromper a ligação do verbo com seu complemento ou predicativo, como foi feito, equivocadamente, no exemplo abaixo:

> *As três cidades mais importantes da Antiguidade eram: Tebas, Alexandria e Atenas.

Em casos como esse, ou tiramos o **dois-pontos**, ou acrescentamos um predicativo **"postiço"** que deixe o padrão frasal completo:

> As três cidades mais importantes da Antiguidade eram Tebas, Alexandria e Atenas.
>
> As três cidades mais importantes da Antiguidade eram as seguintes: Tebas, Alexandria e Atenas.

Em suma, só podemos usar dois-pontos antes de uma enumeração quando a frase à sua esquerda estiver com seu padrão sintático completo. O único caso em que esse princípio pode ser ignorado é com os verbos *dicendi*, porque o texto que vem à direita do dois-pontos, embora seja, de certa maneira, complemento desses verbos, foi escrito por outro autor:

> Vieira disse: "Que importa que não adoreis o bezerro de ouro, se adorais o ouro do bezerro?".

Se você julgar que a enumeração ficaria mais clara se viesse introduzida pelo dois-pontos, basta reescrever o exemplo enviado:

> Os pesquisadores sugerem várias medidas para reduzir acidentes: a desobstrução de corredores, a pavimentação, a sinalização e a iluminação de rotas preferenciais para quem anda a pé.

Minúscula depois de dois-pontos

> *Caro professor, gostaria de saber se a palavra que vem **após** o sinal de dois-pontos deve ser escrita com a inicial **maiúscula** ou **minúscula**.*
> Rodrigo V. – São Paulo (SP)

Meu caro Rodrigo: no Português, o dois-pontos é considerado um sinal de pontuação INTERNA, assim como o travessão, o ponto-e-vírgula e a vírgula. Por isso, depois dele a frase continua em **minúsculas**, exceto no caso de citação formal, como no seguinte exemplo:

> Apontado como homem violento, o deputado não se intimidou: "Os bons, Deus leva; os ruins têm de ser mandados".

Podemos dizer que aqui está uma das raras diferenças entre o nosso sistema de pontuação e o do Inglês, pois lá muitos autores defendem o emprego da **maiúscula** após o dois-pontos mesmo que não se trate de uma citação. Essa, porém, ainda é uma questão controvertida, como se pode ver nos manuais de estilo da imprensa inglesa e americana.

IV. O travessão

O travessão é um sinal que, apesar de não ser invenção moderna, só agora realmente começa a ser explorado. Embora já existam situações em que sua utilidade é indiscutível, pode-se perceber que ele ainda encerra outras possibilidades que o uso deverá (ou não) consagrar. Assim como a vírgula, ele pode vir sozinho ou aos pares, como veremos a seguir.

Travessão simples

Por representar uma interrupção parcial da linha escrita, o travessão nos força a prestar particular atenção ao que virá depois dele, sendo muito útil para introduzir um segmento que detalhe ou explique melhor a ideia que acaba de ser apresentada. É um sinal que dá grande agilidade ao texto, pois permite (ao contrário da vírgula) que esses acréscimos sejam feitos mesmo **com uma quebra evidente na estrutura sintática**:

> Agora o inspetor sabia muito bem quem tinha cometido o crime – O PROFESSOR!

> O furacão destelhou casas, rompeu linhas de transmissão, represou a água do rio e encheu a rua de árvores derrubadas – NUNCA SE VIU COISA IGUAL.

Note-se que muitos prefeririam usar o dois-pontos nestas frases; quanto a isso, os usuários individuais se dividem, refletindo velhas divergências que até hoje distinguem a escola tipográfica inglesa da francesa, da italiana, etc.

Travessão duplo x parênteses

Como vimos no item 6 – VÍRGULA SEPARANDO OUTROS ELEMENTOS INTERCALADOS (p. 96), os travessões duplos desempenham papel semelhante ao dos parênteses, afastando o leitor momentaneamente da linha natural do discurso para introduzir uma informação adicional. Existe, contudo, uma importante diferença entre eles: enquanto os parênteses costumam encerrar algo que é considerado **acessório** ao conteúdo principal, os travessões são usados para intercalar um **elemento novo**, que vem se acrescentar ao que está sendo dito na frase. Em outras palavras, os parênteses **minimizam** a importância da intercalação; os travessões, bem ao contrário, **valorizam** o elemento enquadrado entre eles.

Os travessões duplos são particularmente úteis para quem – como eu, por exemplo – gosta de intervir no próprio texto, introduzindo comentários, avaliações, reflexões pessoais, interpelações ao leitor, etc. São como se fizesse ouvir uma voz diferente da voz principal – o que fica bem evidente, aliás, pois o trecho entre travessões muda radicalmente de tom quando lemos a frase em voz alta (mesmo que seja a famosa "voz alta mental"):

Minha melhor amiga – BEM, AO MENOS EU JURAVA QUE ELA FOSSE – tentou seduzir meu namorado.

Os defensores do tabaco – MAS AINDA EXISTE GENTE ASSIM? – protestam contra a discriminação na nova lei.

Assinado o Acordo Ortográfico, ainda teremos um ou dois anos de carência, durante os quais – O QUE EU GOSTARIA QUE OCORRESSE, ALIÁS – a sociedade civil do Brasil e de Portugal pode voltar atrás e anular essas alterações insensatas.

O amigo leitor vai me perdoar a obviedade, mas fica o registro: nos travessões duplos, o primeiro corresponde ao parêntese de abrir, o segundo ao de fechar. Se o acréscimo for no fim da frase, é claro que a pontuação final (ponto, ponto de exclamação ou ponto de interrogação) vai anular o segundo travessão:

Eles passaram meses planejando o ataque de janeiro – UM ATAQUE DEFINITIVO, DIZIAM, QUE PORIA FIM A TODAS AS HOSTILIDADES.

O presidente americano só vai se reeleger se der uma solução satisfatória para esses problemas – A MEU VER, ESPECIALMENTE PARA O DESEMPREGO.

Travessão duplo x vírgula dupla

São duas as vantagens que os travessões levam sobre as vírgulas duplas. Em primeiro lugar, eles permitem (e elas não) que a intercalação seja um período completo. É uma forma muito econômica e ágil de reunir duas ideias, fora dos usuais sistemas de coordenação e subordinação:

Ele admite que a atual **confusão** na economia dos Estados Unidos – O ENTREVISTADO NÃO CONCORDA COM O TERMO **CRISE** – está deixando os investidores mais ariscos.

O jovem jogador brasileiro foi escolhido – VOTARAM TODAS AS GRANDES FIGURAS DO JORNALISMO ESPORTIVO – como o melhor atacante do campeonato europeu.

Em segundo lugar, a intercalação entre vírgulas **não** pode, como vimos na página 101, receber pontuação expressiva, como aqui:

Vamos fazer um sorteio – TODOS OS PRESENTES CONCORDAM? – para decidir quem vai ficar com a última vaga na excursão.

O hífen não é travessão

> *Prezado professor, não consigo perceber diferenças entre o **hífen** e o **travessão**, fora o fato do segundo ter mais ou menos o*

dobro do tamanho do primeiro. O seu emprego não é o mesmo?

Homero Z. – Goiânia

Meu caro Homero: embora muita gente misture os dois sinais sob a denominação genérica de "tracinho", o HÍFEN e o TRAVESSÃO são caracteres bem diferentes tanto na **forma** quanto no **emprego**. Eu sempre os distingo, quando escrevo. A diferença fundamental entre eles é o ÂMBITO em que aparecem. O HÍFEN, presente em todos os teclados do Ocidente, atua no âmbito da **Morfologia**, pois é um sinal que fica restrito ao **interior do vocábulo**. É por isso que usamos o hífen apenas em três situações: (1) para indicar que dois vocábulos formam um novo vocábulo composto (**couve-flor, decreto-lei**); (2) para ligar o pronome enclítico ao verbo (**fazê-lo, vendeu-o**); e (3) para separar as sílabas numa eventual translineação. Como se vê, ele serve para **unir** os elementos que formam um vocábulo composto ou **unir** as duas partes da palavra que ficaram separadas pela mudança de linha – e não é por outro motivo que ele também é conhecido, tanto no Português como em outras línguas, como **traço-de-união**.

É exatamente por isso – por esse uso exclusivamente morfológico, e não sintático – que o hífen **não** é considerado um **sinal de pontuação**, mas um simples **sinal ortográfico**, como os acentos, o til ou o trema.

Já o TRAVESSÃO é vinho de outra pipa. Para começar, é um sinal um tanto aristocrático, pois não está acessível no teclado e só pode ser usado pelos poucos que conhecem a misteriosa combinação que abre suas portas. Além disso – e aqui está a diferença decisiva –, ele atua no âmbito da **Sintaxe**; pertence à **pontuação interna**, assinalando intercalações e comentários, ou indicando uma ruptura na continuidade da frase para explicar ou detalhar algum elemento mencionado. Talvez isso explique o hábito consagrado, em nosso país, de inserir um espaço antes e depois do travessão, o que é considerado totalmente inadequado no caso do hífen.

Como digitar um travessão

Caro Prof. Moreno: peço desculpas pela minha pergunta, mas não vi em seu saite o travessão empregado na forma gráfica que lhe é própria, ou seja, um traço horizontal três vezes mais longo que o hífen. O senhor não o emprega (a) por achar pouco prático construir esse sinal no teclado do computador; (b) porque o senhor simplesmente não vê razão para fazer a distinção gráfica entre o travessão e o hífen; ou (c) por desconhecer o modo de obtê-lo com o teclado?

*Se a alternativa acima for a (c), tomo a liberdade de lhe informar que este sinal é obtido digitando-se **0151** no teclado numérico com a tecla **Alt** pressionada. O meio-travessão – pouco menor que o travessão, porém, maior que o hífen – obtém-se teclando **0150** no teclado numérico com a tecla **Alt** pressionada. Muito obrigado pela sua atenção e um abraço.*

Edgar N. – Blumenau (SC)

Meu caro Edgar, vamos por partes:

1 – Eu sou um usuário fanático do travessão e sempre digito o símbolo correto nos meus textos, mas ele geralmente é trocado automaticamente por um hífen quando colo o texto numa página da internet ou num e-mail. Este, aliás, é o grande problema dos sinais que não são tão comuns quanto a vírgula ou o ponto-e-vírgula: na informática, os vários sistemas de codificação que coexistem, aliados às diferenças temperamentais de cada *browser*, jamais nos dão certeza de que todos os leitores vão receber nosso texto na mesma formatação em que ele foi escrito. Por causa disso, aquelas sutis distinções de tamanho e de formato que a tipografia clássica mantinha entre o **hífen**, o **sinal de menos**, o **travessão curto** e o **travessão longo** (ver quadro) vão terminar desaparecendo, ficando todos esses sinais reduzidos a um só, sem personalidade, designado pelo humilhante nome de "**tracinho**".

```
Travessão = —
Travessão curto = –
Hífen = -
```

2 – Quanto ao real tamanho do travessão, entraríamos aqui numa discussão muito complexa para mim; você afirma que o travessão tem o tamanho de **três** hifens. Há controvérsias. No mundo editorial de língua inglesa, por exemplo, eles distinguem o *hyphen*, o *en-dash*, o *em-dash*, o *2em-dash*, e por aí vai a valsa (respectivamente, o hífen, o travessão do tamanho de um **N**, o travessão do tamanho de um **M**, o travessão do

tamanho de dois **Ms**, e assim por diante). Ao que parece, o nosso travessão usual (Unicode **0151**) corresponde ao *em-dash*, e o menorzito (Unicode **0150**) seria o *en-dash*. A tipografia lusitana chama o primeiro de "risca de quadratim", e o segundo de "risca de meio-quadratim", ou "meia-risca".

Ora, a tipografia anglo-saxônica especifica, para certos casos, o emprego de um *3em-dash*, que tem o tamanho equivalente a **seis** hifens numa linha sólida; usando aritmética simples, isso daria ao *em-dash* – o nosso travessão, portanto – o tamanho equivalente a **dois**, não a **três** hifens. Mas este, Edgar, é um dos terrenos muito misterioso para que eu me aventure por ele; basta dar uma olhadinha no livro ***Elementos de Bibliologia***, de Antônio Houaiss (o mesmo do dicionário), para ver como esses nomes e essas correspondências dos sinais tipográficos entre si ainda são objeto de discussões seculares e intermináveis. O antisséptico mundo da informática tenta sair desse cipoal padronizando a nomenclatura e a configuração dos caracteres, mas mesmo ali, como você sabe, há sistemas conflitantes. De qualquer forma, obrigado pela gentileza.

Travessão com vírgula?

*Professor Moreno: sei que dois travessões podem ser usados **no lugar** de duas vírgulas, e por isso mesmo não aceito essa moda de usar um travessão **juntamente com uma vírgula**, como fez o jornalista Reinaldo Azevedo: É tal a avalanche de informações, é tal o consenso* *que se formou – especialmente entre os leigos, que entendem de aquecimento global o que eu entendo: NADA!!! –, que as vozes científicas que negam a teoria são logo lançadas ao ridículo.*

Aquela vírgula depois do segundo travessão não é supérflua? Por favor, explique por quê.

Velhinho de Taubaté

Prezado Velhinho: travessões duplos funcionam exatamente como parênteses duplos. Devemos pontuar a frase como se a intercalação ainda não tivesse ocorrido. A frase de Reinaldo Azevedo, no seu estado "puro", seria:

É tal a avalanche de informações, é tal o consenso que se formou, que as vozes científicas que negam a teoria são logo lançadas ao ridículo.

O trecho que vai ser inserido traz consigo um travessão de abrir e um de fechar, o que explica aquela sequência [travessão+vírgula] que deixou você intrigado:

É tal a avalanche de informações, é tal o consenso que se formou – *especialmente entre os leigos, que entendem de aquecimento global o que eu entendo: NADA!!!* –, que as vozes científicas que negam a teoria são logo lançadas ao ridículo.

Se você substituir os travessões por **parênteses**, tenho certeza de que a combinação resultante – [parêntese+vírgula] – já não vai lhe parecer tão estranha:

É tal a avalanche de informações, é tal o consenso que se formou *(especialmente entre os leigos, que entendem de aquecimento global o que eu entendo: NADA!!!)*, que as vozes científicas que negam a teoria são logo lançadas ao ridículo.

O princípio é simples: a frase-mãe deve ficar com sua pontuação integral, mesmo que se retire a expressão intercalada (entre travessões ou parênteses, não importa). Além disso, o exemplo que você escolheu ilustra muito bem as outras vantagens que nos fazem preferir, em casos como este, os travessões às vírgulas. Com eles, o jornalista pôde usar o valioso recurso de marcar o trecho intercalado com pontuação expressiva (ponto de interrogação ou de exclamação); depois – e talvez mais importante –, pôde, com grande agilidade sintática, encaixar um comentário pessoal, de forte caráter argumentativo, àquilo que vinha dizendo. E pode ter certeza de que nada disso foi por acaso, pois Reinaldo Azevedo é um mestre no manejo do travessão e de todos os outros sinais; se você não sabia, ele é um jornalista que se preparou com uma sólida formação no curso de Letras – e isso, pode ter certeza, faz toda a diferença do mundo.

A ponte Rio–Niterói

*Caro mestre, a minha dúvida é a respeito das diferenças entre o **hífen** e o **travessão**, mais especificamente quanto à ponte **Rio–Niterói**. Eu enxergo ali um hífen; várias colegas minhas dizem que é um travessão, mas não explicam o porquê. Gostaria que o senhor tirasse essa dúvida.*

Marcia B. – Rio de Janeiro

Prezada Marcia: em princípio, o **hífen** é um elemento **interno** dos vocábulos compostos. O hífen que usamos em **porta-bandeira**, por exemplo, indica que um verbo na 3ª pessoa do singular do presente do indicativo ("porta") e um substantivo feminino ("bandeira") se juntaram para formar um novo substantivo de nossa língua, o **porta-bandeira**, pessoa que leva a bandeira de um regimento ou de uma escola de samba.

O **travessão** é diferente, pois atua ao longo da frase – **fora**, portanto, do âmbito restrito do vocábulo. É um sinal de **pontuação** importante, do mesmo quilate do ponto-e-vírgula, do dois-pontos e dos parênteses, sendo muito útil para indicar intercalações ou introduzir, no final da frase, expressões que sintetizam o que acaba de ser dito.

Na verdade, o sinal que a tradição tipográfica consagrou para indicar o ponto inicial e final de um percurso ou de um espaço de tempo era o **travessão breve** (ou **meia-risca**), maior que o hífen, mas menor que o travessão propriamente dito. Houaiss, que era um especialista em Bibliologia, chama a atenção para sua grande utilidade para unir termos **que não chegam a formar uma expressão composta**. Deveríamos escrever ponte **Rio–Niterói** da mesma forma que rodovia **Belém–Brasília**, o triênio **1971–1974**, Tobias Barreto (**1839–1869**), um classificador **A–Z**. Digo "deveríamos" porque a meia-risca hoje é praticamente obsoleta, e por razões óbvias: primeiro, as antigas máquinas de escrever não tinham tecla para inserir este símbolo; depois veio o computador e tornou possível o seu emprego – mas só à custa de uma trabalhosa combinação de teclas (mantendo-se a tecla **Ctrl** pressionada, digita-se o sinal de menos no teclado numérico), desconhecida da maioria dos brasileiros. Por afinidade de desenho – afinal, tudo é "tracinho" mesmo –, a maioria o substituiu alegremente pelo **hífen**; eu, no entanto, gosto do travessão e sempre o utilizo nesses casos (embora reconheça que é difícil, para o usuário comum, inserir este sinal no texto).

O Novo Acordo Ortográfico, naquele tom autoritário que denuncia o subalterno que não aprendeu a mandar, resolveu encerrar a discussão numa penada: nada de travessão ou meio travessão; aqui só se usa o **hífen**, e estamos conversados! Ora, não vejo nada de mal em consagrarem, os autores da Reforma, o que todo o mundo já vinha fazendo; se o hífen é mais prático, viva o hífen! – mas não aceito a injustificável exclusão do travessão médio ou do travessão pleno, muito mais adequados para desempenhar essa tarefa de indicar os pontos extremos de uma sequência. Que deixassem ao gosto do autor, ora bolas! Confesso que, tirante o aspecto estético, escrever **Rio-Niterói**, **Rio–Niterói** ou **Rio—Niterói** não faz, no fundo, muita diferença – mas as coisas nem sempre são assim tão inocentes. Se empregarmos apenas o **hífen**, pode haver a natural confusão entre o que constitui e o que não constitui um **vocábulo composto**, o que, em ambientes mais rigorosos, pode criar embaraços. Assisti a uma defesa de tese em que o futuro doutor se viu numa camisa de onze varas quando um examinador perguntou por que ele usava, ao longo do trabalho, construções como "modelagem FÍSICO-MATEMÁTICA", "simulação FÍSICO-MATEMÁTICA", etc., mas lá pelas tantas tinha se saído com uma "interface FÍSICA-MATEMÁTICA". Nervoso, não atinou com a explicação e pediu desculpas pelo deslize; só mais tarde, durante o churrasco de comemoração, foi que se deu conta de que não tinha cometido erro algum: tinha escrito "modelagem FÍSICO-MATEMÁTICA" porque se tratava de um adjetivo composto (que, como todos sabem, só flexiona no **segundo** elemento: clínica MÉDICO-cirúrgica, amizade LUSO-brasileira). Em "interface FÍSICA-MATEMÁTICA", no entanto, estava se referindo à interface "entre a FÍSICA e a MATEMÁTICA"; não se tratava, é claro, de um adjetivo composto, mas de dois elementos que deveriam estar ligados por um TRAVESSÃO (interface FÍSICA–MATEMÁTICA, relação PROFESSOR–ALUNO, relacionamento CLIENTE–EMPRESA) ou, para alguns, por uma BARRA INCLINADA (relação PROFESSOR/ALUNO, relacionamento CLIENTE/EMPRESA).

Pontuação final

O final da frase sempre será indicado por um ponto – seja um ponto simples (.), um ponto acrescido de sinais especiais (! ou ?), ou, ainda, por três pontos em sequência (...). Já foram (e ainda são) propostas várias inovações, como o ponto duplo (..), o ponto de ironia (¡) ou o *interrobang* (‽), mas tentativas como essas sempre vão fracassar, assim como fracassam irremediavelmente todas aquelas pontuações "originais" que, vez por outra, algum escritor teima em experimentar: nada pode ser feito em pontuação se não houver um contrato prévio entre aquele que escreve e aquele que vai ler.

Após um ponto desses – qualquer que seja –, espera-se letra maiúscula no início do próximo segmento. É claro que esse princípio pode ser transgredido em linguagem expressiva ou literária, mas não se espera que isso aconteça nos textos que habitualmente escrevemos. Leia o exemplo abaixo, admire o efeito que o autor obtém empregando o ponto de interrogação e do ponto de exclamação no meio da frase – mas não o imite, porque você não se chama Millôr Fernandes:

> "Vocês ainda se lembram daquela história, edificante!, do garoto holandês que botou o dedo na rachadura do dique pra salvar sua cidade, e toda a Holanda, por que não?, de ser inundada pelas águas? Pois é. O Brasil está precisando de pelo menos um milhão desses garotos pra tapar com o dedo todas as rachaduras que estão aparecendo em nossos cofres morais. E, olha aqui – não seria também uma forma de resolver o problema dos menores abandonados? Nosso maior pobrema?"

I. O ponto

Ponto final e ponto da abreviatura

> *Professor, sei que não é uma situação comum, mas já aconteceu comigo: no caso de terminarmos uma frase com **etc**., como fica a pontuação? O ponto que já vem com a abreviatura faz o serviço todo, ou tenho de usar um ponto final além dele?*
>
> Sheila W. – Jaboatão (PE)

Prezada Sheila, o ponto que colocamos em **etc.**, ou **ltda.**, ou **sr.** tem a importantíssima função de assinalar que estamos diante de uma palavra maior, que deve ser lida, em voz alta, na sua forma original. Escrevemos **cia.** mas lemos "companhia"; escrevemos **ltda.** mas lemos "limitada". Este ponto, portanto, avisa que temos diante dos olhos apenas algumas letras de uma palavra maior.

Ora, sempre que o ponto da abreviatura coincidir com o ponto final da frase, temos duas opções: ou empregamos apenas um ponto solitário, dentro do princípio de que ponto sobre ponto é ponto, ou colocamos um ponto extra, separado do ponto da abreviatura por um espaço:

(1) A rede de supermercados, adquirida ontem por um investidor inglês, vai ser administrada pela Companhia Alimentos Ltda**.**

(2) A rede de supermercados, adquirida ontem por um investidor inglês, vai ser administrada pela Companhia Alimentos Ltda**.** .

A meu ver, as duas soluções, embora **corretas**, são desajeitadas. A primeira era recomendada expressamente no Formulário Ortográfico de 1943:

> "Quando o período, oração ou frase termina por abreviatura, não se coloca o ponto-final adiante do ponto abreviativo, pois este, quando coincide com aquele, tem dupla serventia".

Esse procedimento, embora seja adotado por muitos, sempre me desagradou, principalmente por contrariar o princípio de que toda frase deve ter sua pontuação final própria e independente – como fica claro, por exemplo, no caso do ponto de interrogação, do ponto de exclamação ou do ponto-e-vírgula, que vão aparecer muito à vontade ao lado do ponto da abreviatura:

> A rede de supermercados, adquirida ontem por um investidor inglês, vai ser administrada pela Companhia Alimentos Ltda.**!**

> A rede de supermercados, adquirida ontem por um investidor inglês, vai ser administrada pela Companhia Alimentos Ltda.**?**

> A rede de supermercados, adquirida ontem por um investidor inglês, vai ser administrada pela Companhia Alimentos Ltda.; espera-se, por causa disso, uma reação enérgica do sindicato.

A segunda (ponto+espaço+ponto) é muito mais lógica, mas tem grande probabilidade de dar ao leitor a impressão de que está diante de tentativa frustrada de digitar reticências. A solução que adotei há muitos anos é muito simples: por princípio, NUNCA termino uma frase com qualquer espécie de abreviação. Quando vejo que isso vai acontecer, ou dou um jeito de colocar alguma palavra depois da abreviatura, ou substituo-a pelo **exten-**

so, já que usar ou não formas abreviadas é uma questão de preferência (posso escolher livremente entre **sr.** ou **senhor**, **cia.** ou **companhia**, e assim por diante):

> A rede de supermercados, adquirida ontem por um investidor inglês, vai ser administrada pela Companhia Alimentos Ltda., empresa de capital nacional.
>
> A rede de supermercados, adquirida ontem por um investidor inglês, vai ser administrada pela Companhia Alimentos Limitada.

Título deve ser pontuado?

Professor, sou estudante de Comunicação e aprendi, na faculdade, que não se devia colocar pontuação no final de títulos de livros ou de artigos. No entanto, ao me preparar para um concurso que pretendo fazer, encontrei um manual de redação oficial que mandar pontuar tudo, até manchete de jornal!

Alzira S. – Juiz de Fora (MG)

Minha cara, preciso lembrar uma vez mais que o sistema de pontuação é uma convenção que só se sustenta se os dois lados envolvidos – aquele que escreve e aquele que lê – estiverem de acordo. Essa recomendação de pontuar todos os títulos vai frontalmente contra o costume de todas as pessoas cultas que escrevem e publicam neste país. Em 1943, o **PVOLP** – *Pequeno Vocabulário Ortográfico da Língua Portuguesa* (o avô do **VOLP**, nosso atual *Vocabulário Ortográfico da Língua Portuguesa*) trazia todos os títulos com ponto – "Formulário ortográfico."; "Letras dobradas."; "Acentuação gráfica." –, mas seu exemplo sempre foi visto como uma verdadeira excentricidade.

A prática dos últimos cinquenta anos é deixar o título sem ponto. Alguns manuais sugerem uma interessante distinção: o ponto só deveria ser usado quando o título fosse um período completo, com sujeito, verbo e tudo mais:

A estrela sobe.

Perdoa-me por me traíres.

Olhai os lírios do campo.

A Lua vem da Ásia.

Esse poderia ser um conselho prudente para **redações escolares** – é impressionante a importância que os estudantes dão para o "dilema" de pontuar ou não o título da redação no vestibular! –, mas não faz o menor sentido no jornalismo ou na literatura, onde fica bem delimitado pela posição de destaque que ocupa, aliada a seu grafismo especial. Os quatro exemplos acima são de obras escritas por autores contemporâneos (Marques Rebelo, Nelson Rodrigues, Érico Veríssimo e Campos de Carvalho, respectivamente) – e todos esses títulos vêm sem pontuação no original.

É claro, prezada Alzira, que estamos falando do **ponto final**, já que os pontos **expressivos** (interrogação e exclamação) definem a natureza do título e devem, portanto, ser preservados. Embora raros, você vai encontrá-los, por exemplo, nas seguintes obras:

Mas não se matam cavalos? (Horace McCoy)

Quem tem medo de Virginia Woolf? (Edward Albee)

O que fazer? (Lenine)

Olha para o céu, Frederico! (José Cândido de Carvalho)
Quem tem farelos? (Gil Vicente)
Quem casa quer casa? (Tatiana Belinky)
Quem matou Palomino Molero? (Vargas Llosa)
Que país é este? (Millôr)
Eu acuso! (Zola)

Como você pôde ver, tudo que se pode dizer sobre pontuação fica na esfera da **sugestão** e do **conselho** – e, como em tudo nesta vida, a virtude está no equilíbrio e no bom senso. Não se pode afirmar, como fizeram na faculdade, que NUNCA haverá título pontuado – mas também não vamos dar ouvidos a manuais que querem pespegar ponto final em todos os títulos.

II. O ponto de interrogação

As perguntas **diretas** são assinaladas com um ponto de interrogação. No Inglês, a frase interrogativa tem uma estrutura própria, o que a torna facilmente reconhecível; na maior parte das frases do Português, no entanto, este sinal é o único indício de que estamos fazendo uma pergunta:

Se formos por aqui, vamos chegar mais cedo.

Se formos por aqui, vamos chegar mais cedo?

Isso também vale para aquelas perguntas curtas que usamos no final de uma frase declarativa para confirmar ou reforçar o que afirmamos:

– Você não vai comer isso, vai?

– Foi você que mandou, não foi?

– Esta é a chave do armário, não é?

Interrogação indireta

> *Caro Professor, tenho uma dúvida com relação à pontuação da seguinte frase: "Gostaria de saber se os colegas concordam comigo". Existe alguma regra gramatical que proíba o uso do ponto de interrogação em frases assim?*
> Eliana M. – São Paulo

Nesta frase não cabe um ponto de interrogação, Eliana, por ser uma pergunta **indireta**, isto é, uma frase **declarativa** que contém uma pergunta. Na verdade, trata-se de uma interrogação **direta** que foi reelaborada: "Os colegas concordam comigo?" passou a "Gostaria de saber se os colegas concordam comigo". Na pergunta direta, aquilo que queremos saber está na **oração principal**; na indireta, passa a ser apresentado sob a forma de uma **oração subordinada**, geralmente iniciada por **quem**, **qual**, **que**, **quanto**, **como**, **por que**, **onde**, **quando** e **se**:

EU GOSTARIA DE SABER

se os colegas concordam comigo.

como se liga o forno.

por que todos desistiram.

quanto vale o diamante.

por **quem** os sinos dobram.

Como você pode ver, enquanto a primeira frase FAZ a pergunta ao provável interlocutor – "Os colegas concordam comigo?" –, a segunda apenas INFORMA que eu tenho uma dúvida – "Gostaria de saber se os colegas concordam comigo". É exatamente por isso que apenas a primeira é dita com uma entonação característica (que corresponde, na escrita, ao ponto de interrogação). Na segunda, a modalidade interrogativa é marcada não pela forma da frase, mas pelo significado do verbo da oração principal, que sempre vai exprimir dúvida ou vontade de saber: **perguntar**, **indagar**, **querer saber**, **questionar**, etc.

Se você colocar um ponto de interrogação numa pergunta indireta, vai mudar completamente o que está sendo dito. Compare

(1) Ela perguntou se Pelé era jogador de basquete.

(2) Ela perguntou se Pelé era jogador de basquete?

Na primeira versão, estou **informando** que ela fez tal pergunta. Na segunda, incrédulo, estou querendo saber se realmente foi essa a pergunta que ela fez.

Pergunta retórica

> *Professor, o que vem a ser uma "pergunta retórica"? Seria uma pergunta boba, tão óbvia que nem deveria ter sido feita?*
>
> Sarah S. – Ribeirão Preto (SP)

Não, prezada Sarah, as perguntas retóricas raramente são bobas – bem pelo contrário, aliás. Numa pergunta "verdadeira", pedimos que nosso interlocutor forneça uma informação que nós não possuímos; em outras palavras, aquele que não sabe vai consultar aquele que sabe. Por exemplo, você só enviou sua pergunta ao meu saite porque tem a expectativa de que eu possa fornecer a resposta. Portanto, "O que é uma pergunta retórica?"

é uma pergunta **verdadeira**, assim como "A que horas começa o filme?", "Quem vai no carro conosco?" e "Onde puseram a conta da luz?".

Uma **pergunta retórica**, no entanto, é um tipo esquisito de pergunta, já que, ao fazê-la, já sabemos a resposta e sabemos que nosso interlocutor também sabe. Se dizemos "Até quando vamos ter de aguentar essa corrupção?", estamos, na verdade, declarando a nossa indignação com um determinado estado de coisas, e ficaríamos muito surpresos se alguém resolvesse nos dar uma resposta (quem costuma fazer isso são as crianças pequenas, que não dominam ainda as maldades e as sutilezas do discurso).

Como você pode ver, usamos a pergunta retórica não para **interrogar**, mas para **afirmar** ou **insinuar**. Quem pergunta algo como "Você pensa que eu sou bobo?", ou "Quantas vezes eu tenho de dizer que a porta deve ficar fechada à noite?", ou "Você não tem vergonha?", ou "Quem o Evo Morales pensa que é para saquear o patrimônio da Petrobrás?", ou "Quer dizer que o senhor é o mandachuva por aqui?" – quem faz essas perguntas, repito, não tem intenção alguma de receber **uma resposta**. Ah, antes que eu esqueça: apesar de suas peculiaridades, a pergunta retórica é assinalada obrigatoriamente com o ponto de interrogação.

III. O ponto de exclamação

Enquanto o ponto de **interrogação** assinala inequivocamente uma **pergunta**, o ponto de **exclamação** não tem um valor bem definido. O uso deste sinal, ao contrário dos demais, não está associado à estrutura da frase; ele faz parte da vã e eterna tentativa de dar à linguagem escrita um pouco da grande expressividade que tem a língua falada, com sua riqueza incomparável de entonações. Isso fica bem claro nas definições que tradicionalmente vêm sendo dadas a ele, atribuindo-lhe magicamente a capacidade de transmitir sentimentos tão diversos quanto **alegria**, **surpresa**, **indignação**, **espanto**, **ironia**, **entusiasmo** e alguns outros mais (como se a cada um desses sentimentos não correspondesse, na fala, uma combinação diferente de expressão facial, de tom de voz, de ritmo, de intensidade).

Seja como for, é indiscutível que ele se destina a assinalar algum tipo de emoção, o que naturalmente tornou raríssimo o seu emprego em textos acadêmicos ou técnicos, que buscam aparentar ao máximo aquela neutralidade impassível que costumamos associar à voz da Ciência com "C" maiúsculo. Na literatura e na comunicação interpessoal, porém, onde se admite – e se espera – uma linguagem pessoal e expressiva, é usado em várias situações já consagradas.

Para distinguir uma frase declarativa de uma exclamação

(a) Ela pintou dois quadros em setembro.
(b) Ela pintou dois quadros em setembro!

Embora a simples presença do ponto exclamativo não seja suficiente para que nosso leitor descubra se concebemos a segunda frase para ser pronunciada com em tom preocupado, alegre, histérico ou entusiasmado, serve ao menos para deixar muito claro que o tom **não** é neutro como na primeira. Com **ponto final**, informamos que ela pintou dois quadros em setembro; com **ponto de exclamação**, temos um *plus*: há algo de excepcional no fato dela ter pintado dois quadros em setembro. O leitor, sensível à nossa sinalização, fica na expectativa de que a explicação venha a seguir.

Foi exatamente para isso que o ponto de exclamação veio ao mundo: para fazer uma espécie de **promessa** a quem nos lê. O que ele diz, no fundo, é muito simples: "Atenção, leitor: fique atento, porque aqui há mais do que o olho vê". Não admira, portanto, que seu emprego tenha sido adotado por muitos escritores medíocres, que enchiam seus textos de pontos de exclamação para sugerir uma riqueza de conteúdo que suas frases, na verdade, não tinham. Esse mau uso – ou abuso – do ponto de exclamação ficou tão disseminado que ele passou praticamente a ser evitado, à semelhança do que aconteceria, como vamos ver, com as reticências.

Se for usado com moderação, como certos medicamentos e bebidas alcoólicas, podemos aproveitar esse valor adicional que ele imprime à frase. Aqueles que simplesmente recomendam que se evite o seu emprego não podem deixar de perceber as diferenças que o seu uso introduz nos pares abaixo:

(a) Meu tio leu ***Dom Casmurro***.
(b) Meu tio leu ***Dom Casmurro***!

(a) Ela disse "eu te amo!".
(b) Ela disse "eu te amo"!

No primeiro par, "Meu tio leu *Dom Casmurro!*" deixa evidente que esse fato, corriqueiro para muitos, deve ser especialmente significativo para a pessoa de meu tio. No segundo par, a diferença é maior ainda; na versão (a), ela deve ter declarado seu amor em tom enfático, raivoso, veemente, etc., etc. (lembro que os atores podem dizer a expressão mais banal, o cumprimento mais corriqueiro com dezenas de nuanças emocionais diferentes); na versão (b), o ponto de exclamação encerrando a frase sugere que EU é que estou estou surpreso (emocionado, entusiasmado, aterrorizado, etc. – a escolher) por ela ter dito aquilo.

Há um pequeno número de construções sintáticas cuja presença torna a frase obrigatoriamente exclamativa; nelas não existe, portanto, a liberdade de usar apenas o ponto, como vimos nos exemplos acima. Aqui o ponto de exclamação é de praxe (algumas delas também admitem reticências):

> Quem diria!
> Isso é que é mulher!
> Eu tenho tanto medo!
> Como detesto aquele pilantra!
> Só faltava essa!
> Que beleza!
> Mas que sujeito mais pão-duro!
> Quanto tempo perdido!

Depois de uma interjeição

As interjeições são usadas para expressar algumas emoções básicas do ser humano, o que nos permite supor que constituíssem a forma preferida de comunicação entre os nossos antepassados da caverna. Sejam elas palavras reais de nosso idioma – **bravo**, **credo**, **viva** – ou meros sons expressivos que a escrita foi buscar na língua falada – como **ah**, **oh**, **ui**, **xi** ou **bah** –, o certo é que as interjeições são vistas como corpos estranhos no vocabulário do Português. Essa carga afetiva que elas transmitem faz com sejam seguidas naturalmente de um ponto de exclamação:

Oxalá! Epa! Boa! Socorro! Bravo! Olé! Oh!

Said Ali, um dos mais argutos gramáticos tradicionais, faz uma observação sobre o valor da interjeição "oh" que poderia, *mutatis mutandis*, servir para o ponto de exclamação, com suas infinitas possibilidades de leitura: "Basta modificar o tom de voz para cada caso particular e ela denotará alegria, tristeza, pavor, nojo, espanto, admiração, dor, piedade, etc.".

Para caracterizar chamado ou interpelação

Quando nos dirigimos diretamente a alguém, podemos usar o seu nome ou um apelativo qualquer. Esta interpelação, facilmente reconhecida na fala pelo tom e pela altura da voz, é assinalada pelo ponto de exclamação:

Você aí!

Antônio! Júlio! Onde estão vocês?

Ó de casa!

Aqui vemos um dos raros momentos em que a pontuação refere-se à elocução recomendada para a frase. O uso do ponto exclamativo sugere, em certos casos, que tivemos de elevar a voz porque nosso interlocutor não está perto de onde nos encontramos. Em outros – o que não acontece quando separamos o vocativo por uma simples vírgula –, que resolvemos adotamos um tom mais incisivo:

Filho, desce daí.

Filho! Desce daí!

Em frases imperativas

O ponto de exclamação pode reforçar a natureza das frases imperativas, outro tipo de frase que só aparece na ficção, na poesia ou na correspondência pessoal:

Peguem suas malas. Venham cá. Sentem.

Peguem suas malas! Venham cá! Sentem!

Muitos evitam usá-lo porque veem nele o mesmo caráter autoritário que assumiram, na internet, as letras **maiúsculas** – o leitor tem a impressão de que o autor está gritando.

Pontuação com interjeição

*Professor, na frase "Valeu! mestre." temos uma **interjeição** de agradecimento, seguida de um **vocativo**, não é? Sendo assim, não ficaria faltando uma vírgula após o ponto de exclamação?*

Josevaldo L. – Fortaleza

Meu caro Josevaldo, a análise está corretíssima: temos realmente uma interjeição (**valeu**, aqui, funciona como tal) seguida de um vocativo (**mestre**). As interjeições costumam vir acompanhadas de ponto de exclamação; os vocativos vêm precedidos de uma vírgula. A proposta que você faz – colocar uma vírgula após o ponto de exclamação –, no entanto, está equivocada. Nesses casos, separamos o vocativo com uma vírgula e deixamos o ponto de exclamação para **o fim da frase**: "Valeu, mestre!", "Cuidado, Corisco!", "Epa, camarada!" – e assim por diante.

Usar ou não usar o ponto de exclamação

Prof. Moreno, não sei se uso ou não o ponto de exclamação no slogan que desenvolvi para nossa companhia. Não sei qual das duas formas – "PRAZER EM SERVIR!" ou "PRAZER EM SERVIR." – é a mais adequada, pois andei lendo artigos dizendo que só se usa esse sinal quando se transcreve a fala de alguém, principalmente em jornais.

Anselmo T. – Aparecida (SP)

Prezado Anselmo, eu usaria o ponto de exclamação se fosse uma frase dirigida a meus clientes, estampada em algum *banner* ou *folder* (para usar dois vocábulos bem nossos, portugueses da gema...):

BEM-VINDO!

BOM DIA!

VOLTE SEMPRE!

[temos] PRAZER EM SERVI-LO!

Diferente seria a pontuação se eu estivesse me referindo a uma característica da minha empresa:

Banco Caxangá – CONFIANÇA NO FUTURO

Banco Caxangá – SEGURANÇA ACIMA DE TUDO

Banco Caxangá – PRAZER EM SERVIR

No entanto, você deve saber que a pontuação não obedece a um sistema de regras fechado, como aquele que regula o emprego dos acentos; conciliando-se o bom senso e as preferências pessoais, a mesma frase pode ser pontuada de várias maneiras, todas elas corretas. Esses três últimos exemplos poderiam perfeitamente receber um ponto de exclamação:

Banco Caxangá – CONFIANÇA NO FUTURO!

Banco Caxangá – SEGURANÇA ACIMA DE TUDO!

Banco Caxangá – PRAZER EM SERVIR!

Eu não gosto, porque (veja como isso é pessoal!) sinto um certo tom de bravata no ar – mas nada impediria que alguém assim escrevesse.

Pontuação mista

Caro professor Moreno, pode-se usar interrogação seguido de exclamação (?!) ou vice-versa (!?) nos textos? O que o professor pode me dizer em relação a essa pontuação?
Viviane – Contagem (MG)

Prezada Viviane, já vi muitas combinações como essas, assim como também vi usarem pontos de exclamação ou de interrogação enfiados como salsicha no palito – !!!!!! ou ?????. Quem usa essas esquisitas configurações tem a esperança ingênua de expressar, por escrito, aquilo que só a fala consegue. Ledo engano! A escrita não pode fazer isso – não pode, com meros sinais convencionais, reproduzir a infinidade de sutilezas que o falante traz para qualquer ato de comunicação, com o seu tom de voz, a expressão do rosto, o movimento das sobrancelhas, os movimentos da cabeça, o ritmo de sua fala, a entonação, o olhar, os gestos de mão, sei lá que mais.

Os sinais de pontuação que utilizamos foram selecionados dentre centenas de outros (basta ver os manuscritos medievais, com sua riquíssima experimentação), numa escolha sedimentada ao longo de mais de um milênio. Seu emprego também foi se estabelecendo aos poucos, historicamente, até que o valor de cada sinal ficou definitivamente claro para todos os que escrevem e todos os que leem. O princípio, altamente democrático, é muito simples: é indispensável que qualquer sinal de pontuação colocado na frase signifique para o leitor o mesmo que significa para o autor.

É por esse motivo que fracassaram inovações como o *interrobang* (um sinal que une o ponto de interrogação e o de exclamação num só grafismo), que seria usado para indicar **ironia** ou **incredulidade** numa pergunta (você pode ver esse verdadeiro ornitorrinco gráfico na página 167 deste livro) – mais ou menos a mesma coisa que alguns pretendem com o "!?". Para mim, já nasceu morto, da mesma forma que esses "?!?!", "??!!" ou "????" que andam por aí: se sou o autor, ninguém me assegura que meus leitores vão entender o que pretendo; se sou um leitor, ninguém me assegura que o autor interpreta o sinal que empregou da mesma maneira que eu.

IV. As reticências

As **reticências**, também conhecidas como **pontos suspensivos** – e familiarmente chamadas de **três-pontinhos** –, são usadas no fim de um enunciado para indicar que, na verdade, a frase não terminou, deixando ao leitor a tarefa de imaginar sua continuação (os exemplos entre aspas são de Machado):

> O fato de mulheres falarem hoje na "sua tesão" mostra como, curiosamente, foi perdida a ligação deste vocábulo com o radical **teso**. Imagino que não seja necessário explicar a relação primitiva...

> No meu tempo de ginásio, desatávamos a rir maldosamente só porque mencionavam a **Cornualha**, na Inglaterra, ou as famosas joias de **Cornélia**...

> E cá para nós: esse é um tipo de palavra que não faz a menor falta em nosso idioma. Um casaco de pelo de alpaca é... um casaco de pelo de alpaca.

> "Não é minha intenção ofendê-la; ao contrário..."

> "Queira vosmecê perdoar, mas o diabo do bicho está a olhar para a gente com tanta graça..."

> "Não quis, não levantou a cabeça, e ficamos assim a olhar um para o outro, até que ela abrochou os lábios, eu desci os meus, e..."

> "Sei que você fez promessa... mas uma promessa assim... não sei... Creio que, bem pensado... Você que acha, prima Justina?"

> "De todas porém a que me cativou logo foi uma... uma... não sei se diga; este livro é casto, ao menos na intenção; na intenção é castíssimo."

"Vem comigo, disse eu, arranjei recursos... temos muito dinheiro, terás tudo o que quiseres... Olha, toma."

"Ninguém nos vê. Morrer, meu anjo? Que ideias são essas! Você sabe que eu morrerei também... que digo?... morro todos os dias de paixão, de saudades..."

Podemos ver que, ao usá-las, o autor sugere que teria algo a acrescentar, mas está deixando deliberadamente de fazê-lo por alguma razão estratégica – por pudor, por malícia, por conveniência, por discrição – ou está indicando pausas, hesitações, interrupções, autocríticas ou mesmo silêncios significativos. A polivalência das reticências desafia qualquer esforço para classificá-las. Como observa muito bem Rostislav Kocourek, pesquisador tcheco que escreve sobre o tema, a única coisa que podemos afirmar com precisão é que elas assinalam uma **ruptura**, uma **suspensão**, uma **interrupção** da cadeia escrita do texto. Por causa disso, sempre representam um apelo para que o leitor adivinhe a razão que levou o autor a cortar o enunciado naquele ponto – e, por consequência, forçam-no a interpretar, uma a uma, cada ocorrência deste sinal.

Nas enumerações exemplificativas

Como indicam uma **interrupção**, são usadas também como reforço para as enumerações **exemplificativas** (ou enumerações **abertas**, que vimos nas páginas 51 e 52). Neste caso, substituem perfeitamente um **etc.** – e "substituem" quer dizer "podem ser usados no lugar do **etc.**", mas não **acompanhá-lo**. O brasileiro tem uma estranha compulsão a colocar reticências APÓS o **etc.**, o que deve ser evitado:

A coleção vai incluir um CD específico para cada um dos grandes mestres do Jazz: Miles Davis, Coltrane, Oscar Peterson, Louis Armstrong, Charlie Parker...

Fica isenta de tributos a importação de qualquer material impresso de cunho educativo ou cultural: atlas, partituras, livros didáticos, gramáticas, dicionários...

Para indicar cortes em citações

Quando citamos o texto de outrem, é indispensável que seja assinalada qualquer supressão que porventura venhamos a fazer. Para isso, o mais recomendável é usar reticências **entre parênteses** ou **entre colchetes** a fim de que não se confundam com as reticências que o próprio autor possa ter usado no texto original:

> *"Três décadas atrás [...] eu ostentava ideias claras sobre o Vietnã (os dois), o peronismo, Lumumba, a Albânia, os bororós e a chegada do homem à Lua. Conflitos entre árabes e judeus em territórios bíblicos não encerravam para mim nenhum segredo [...] Agora mal me atrevo a opinar sobre aquilo que vivo e sofro diretamente. Por isso tenho um pouco de inveja e muita desconfiança de meus colegas intelectuais europeus e suas claras certezas [...]"*
>
> Fernando Savater

Espaço antes ou depois das reticências

Professor Moreno, tenho uma dúvida e agradecia se o senhor me pudesse esclarecê-la: vai um espaço antes das reticências? Ou elas vêm diretamente seguindo a palavra, como o ponto? O correto seria "Hum ... Que bonito!" ou "Hum... Que bonito!"?

Nair S. – Stuttgart (Alemanha)

Prezada Nair, não há nenhuma regra ortográfica a respeito disso. Os tipógrafos e compositores certamente têm regras sobre o tema: os americanos deixam um espaço antes e um espaço depois; os franceses se dividem quanto a isso; os ingleses advertem que as reticências, ao contrário do que o resto do mundo pensa, não são três pontos digitados no teclado, mas um sinal especial em que os pontinhos vêm menos espaçados. Ora, falando francamente, essas minúcias devem ter lá sua importância no mundo das indústrias gráficas, mas perdem qualquer sentido para nós, simples mortais – principalmente no século dos processadores de texto, que aumentam ou reduzem os espaços entre as letras e os sinais a fim de justificar a linha impressa.

O que temos é uma prática quase universal: todos os sinais de pontuação ficam colados na palavra que fica à sua esquerda. Veja, por exemplo, a vírgula, o ponto, o ponto-e-vírgula nestes exemplos: "Naquele dia, quando..."; "Estava escuro. As últimas estrelas..."; "Ele pediu uma salada; ela, no entanto, escolheu...". Por isso, recomendo que você se junte prudentemente à multidão e faça o mesmo com as reticências: "Hum... Que bonito!".

O professor que odiava reticências

Prezado professor Moreno: anos atrás (na verdade, décadas atrás) tive um excelente professor de Português que, como era de praxe naquela época, era mais duro do que cerne de angico. Era carrancudo, seco e exigente, mas devo a ele tudo o que aprendi sobre nosso idioma. O curioso é que ele nos proibia o emprego de reticências – e "proibir", para ele, significava dar nota "zero" para a redação inteira. Era uma simples ojeriza pessoal, ou havia alguma razão oculta que eu nunca pude entender?

Afonso L.C. – Recife

Meu caro Afonso: conheci também alguns desses professores da velha guarda, feitos de uma argila que não se encontra mais. Eram intransigentes com nossos erros, mas justos, abnegados e, acima de tudo, orgulhosos do papel que exerciam na escola e na comunidade. Tive um professor de Português parecido com o seu, e acho que posso resolver o seu enigma. As reticências, exatamente por sugerirem que existe algo por trás da frase interrompida, ganharam uma popularidade imediata entre os que não sabiam escrever. A frase saiu chocha? Basta pregar-lhe reticências, e pronto! Ela adquire uma aura de mistério que desafia o leitor – ou, como bem disse um autor, "o ideal fácil do **não dito** substituía o esforço para dominar o **dito**". Em outras palavras, as reticências se prestam como uma luva para a mistificação...

Não recordo exatamente o texto que ele dava de exemplo, mas posso reconstruir algo semelhante. Se você comparar a primeira versão (retirada de um daqueles almanaques que a farmácia dava de brinde) com a segunda, semeada com reticências, vai perceber, mesmo sabendo tratar-se das mesmas palavras e das mesmas frases prosaicas, como o texto parece ter adquirido significados misteriosos:

> O cafeeiro é originário da distante Etiópia. Lá ele é silvestre e pode chegar à altura de uma árvore; aqui, cultivado em cafezais, podam-no para não ficar muito mais alto que um homem. A florescência do café depende da chegada da chuva. Os arbustos têm folhas lustrosas verdes-escuras, mas as folhas são brancas e possuem o cheiro de jasmim. A flor leva nove meses para se transformar em fruto maduro.

> O cafeeiro é originário da distante Etiópia...
> Lá ele é silvestre e pode chegar à altura de uma árvore...
> Aqui, cultivado em cafezais, podam-no para não ficar muito mais alto que um homem...
> A florescência do café depende da chegada da chuva...
> Os arbustos têm folhas lustrosas verdes-escuras, mas as folhas são brancas e possuem o cheiro de jasmim...
> A flor leva nove meses para se transformar em fruto maduro!

Que tal? Se você mostrar a segunda versão a um amigo e perguntar que leitura ele faz do texto, estou certo de que vai ouvir grandes interpretações.

Diversos

O ponto fica antes ou depois das aspas?

Olá, Professor! Preciso justificar para um cliente que as aspas vão antes do ponto final, e não depois dele. Mas não encontro tal explicação nos livros que tenho. O senhor poderia me ajudar na argumentação?

Flávia G.S.

Minha prezada Flávia: há frases em que as aspas vêm ANTES do ponto final, como você sugere, mas há outras em que elas devem vir DEPOIS. Para decidir entre as duas hipóteses, é indispensável lembrar que todo período começa por uma letra maiúscula e se encerra por um ponto; essas são as marcas visíveis que assinalam o limite inicial e o limite final da frase. Ora, se a expressão entre aspas estiver DENTRO do período, necessariamente ela deverá ficar antes do ponto final – incluindo, é claro, as aspas:

> O deputado foi lacônico: "Não tenho relacionamento algum com este senhor".

Note que o ponto final põe um fim ao período que foi iniciado pelo artigo "O" em maiúscula; as aspas estão contidas dentro do espaço demarcado por essas duas balizas. Se, no entanto, as aspas englobarem o período **inteiro**, entre elas também vão ficar os dois pontos extremos – a maiúscula e o ponto final –, como nesta citação de Ambrose Bierce:

"Cínico é um patife cuja visão defeituosa o obriga a ver as coisas como elas são, e não como deveriam ser."

Todas as citações do *Dicionário Universal de Citações*, do Paulo Rónai (Ed. Nova Fronteira), aliás, vêm pontuadas desta última forma. Para fins de argumentação com seu cliente, você pode usar o exemplo que o manual de estilo da *American Psychological Association* dá para a utilização dos parênteses em idêntica situação:

(Quando uma frase completa está encerrada entre parênteses, coloque a pontuação final da frase dentro dos parênteses, como neste caso.) Se apenas parte da frase está entre parênteses (como neste caso), coloque a pontuação fora dos parênteses (como estamos fazendo agora).

Como não conheço a frase que está em discussão entre vocês dois, Flávia, não posso dizer mais nada. Veja em qual dos dois casos acima ela se enquadra, e pronto.

Ponto dentro e fora das aspas?

Prezado Professor: quando uma interrogação entre aspas coincidir com o final da frase, é necessário também colocar um ponto DEPOIS das aspas? Ontem, pela primeira vez, esbarrei neste problema ao escrever uma matéria para meu jornal. A frase – **Ele ouviu uma voz feminina que gritava, em desespero: "Onde está meu filho?"** *– fica assim mesmo, ou eu deveria acrescentar o ponto final? Confesso que nenhuma das duas hipóteses me agrada.*

Juscelino V. – São Luís

Meu caro Juscelino, tenho visto usarem tanto uma quanto a outra solução, mas como você veio perguntar qual é minha preferência, já vou esclarecendo que sou partidário da segunda. Eu pontuaria a frase assim:

> O porteiro ouviu uma voz feminina que gritava, em desespero: "Onde está meu filho?".

Acrescento que faria o mesmo se a frase entre aspas terminasse por um ponto de **exclamação**. A meu ver, estou apenas tentando ser coerente com o princípio fundamental da pontuação no final da frase: **o ponto encerra a unidade iniciada pela letra maiúscula que abre o período**. Essa é a regra suprema.

Neste caso, portanto, o período deve ser pontuado independentemente da expressão entre aspas. Aquele ponto final me parece indispensável por um simples e poderoso motivo: o período AFIRMA que o porteiro ouviu alguém que gritava, ou seja, o leitor está sendo informado de algo que o porteiro FEZ. Se, por outro lado, o último sinal que o leitor encontrasse à direita fosse o ponto de interrogação, não só o trecho entre aspas seria interrogativo, mas sim o período todo – como se estivéssemos perguntando se o porteiro tinha ouvido uma mulher gritando pelo paradeiro do filho (o porteiro ouviu isso?).

Quem prefere não usar este ponto depois das aspas sempre poderá alegar que o leitor, apoiado nas pistas que o contexto oferece, não terá muita dificuldade em entender que se trata de uma frase afirmativa que encerra, dentro dela, a citação de uma pergunta. É verdade – mas se ele pode chegar a esse resultado sem a presença do ponto, com mais certeza e rapidez ele chegará se o ponto estiver no lugar.

E/OU – valor da barra inclinada

Prezado professor: assim como no futebol todos se consideram técnicos, muitos se consideram especialistas no nosso idioma, principalmente no ambiente acadêmico. A discussão comeu solta em nossa universidade a respeito do seguinte artigo do regulamento:

> Serão considerados **docentes permanentes** os professores que desenvolvam atividades de ensino na graduação **E/OU** pós-graduação.

*Por causa deste E/OU, um grupo defende que o professor, para ser considerado docente permanente, terá de estar **obrigatoriamente** ligado à graduação, sendo **opcional** seu vínculo com a pós-graduação. Outro grupo, no entanto, entende que o artigo acima permite que um professor seja classificado como docente permanente mesmo que esteja ligado **apenas** à pós-graduação. Sem entrar no mérito da questão, mas exclusivamente dentro da visão linguística, qual dos dois grupos faz a interpretação correta?*

Jacob W. – Campinas (SP)

Meu caro Jacob, o emprego do E/OU sempre traz esse perigo; apesar de ser um operador muito útil, acho que ainda não está suficientemente difundido para ser usado sem causar discórdia. Há, inclusive, quem o considere uma invenção pedante e desnecessária, mas me atrevo a dizer, com base na experiência que acumulei na minha página da internet, que a maior parte dos que se opõem a ele mudariam de ideia se soubessem exatamente para que ele foi criado.

Sua origem se explica por uma daquelas diferenças bem marcantes que existem entre a linguagem da Lógica Formal e a linguagem humana, principalmente no valor de conectores como E, OU e MAS. Onde usamos nosso OU, o Latim usava duas palavras diferentes, *vel* e *aut*. O primeiro era um OU fraco, **inclusivo** – significando "**um ou outro, possivelmente ambos**"; o segundo era um OU forte, **exclusivo**, significando "**ou será um, ou será outro**".

1 – OU **inclusivo** (qualquer um dos dois):

É uma flor delicada; o frio OU o calor excessivos podem fazê-la morrer.

Ele aceita trocar o carro por ações OU por mercadorias.

2 – OU **exclusivo** (ou um, ou outro):

O cargo de presidente, que está vago, será ocupado por João ou Pedro.

Esta chave deve pertencer a Pedro OU àquele professor visitante.

A Lógica Formal resolveu o problema criando dois símbolos diferentes, um para cada tipo de OU. Uma língua natural como o Português, porém, não pode "criar" conjunções ou preposições; por causa disso surgiu a prática (adotada por alguns, mas não por todos os usuários) de usar uma barra entre o E e o OU para indicar que se trata do OU **fraco** (o *vel* do Latim), isto é, o OU **inclusivo**. A frase abaixo é um bom exemplo:

O calor acima dos 50 graus **E/OU** a umidade acima de 70% podem alterar esta substância.

Esta frase contém três afirmações diretas:

(1) o calor acima dos 50 graus pode alterar a substância,

(2) a umidade acima dos 70% pode alterar a substância,

(3) o calor e a umidade juntos podem alterar a substância.

A frase que vocês discutiram – "serão considerados docentes permanentes os professores que desenvolvam atividades de ensino na graduação **E/OU** pós-graduação" – afirma, claramente, que será classificável como docente permanente

(1) o professor que só atua na graduação,

(2) o professor que só atua na pós-graduação e

(3) o professor que atua em ambas.

Como acontece em qualquer **disjunção inclusiva** (este é o nome técnico empregado pela Lógica), só ficará excluído o professor que não se enquadrar em **nenhuma** dessas três hipóteses.

Se o burocrata que escreveu esse texto sabe usar o E/OU, foi isso o que ele disse. Se tivesse escrito "na graduação **E** na pós-graduação", teria dado margem à interpretação, por parte de alguns leitores, de que só seria enquadrado aquele que atuasse **nas duas áreas**, excluindo-se aqueles que atuassem em apenas uma delas. Por outro lado, se tivesse escrito "na graduação **OU** na pós-graduação", teria dado margem à interpretação, por parte de outros, de que só se enquadraria nesta classificação aquele que lecionasse **ou** na graduação, **ou** na pós-graduação – excluindo-se o que lecionasse em **ambas**. Ao usar o E/OU, matou a questão: só fica excluído aquele que não leciona em nenhuma das duas.

Barra inclinada ou travessão?

*Caro Professor Moreno, uma questão tem gerado muita controvérsia em nosso escritório: como devemos expressar por escrito a relação entre o **custo** e o **benefício**? Seria "relação **custo-benefício**", com hífen? Ou "relação **custo–benefício**", com travessão? Ou ainda "relação **custo/benefício**", com barra, como se fosse uma relação matemática? Penso, sem nenhuma segurança, que não deva ser com **hífen**, pois não é palavra composta, ou estou equivocado? Se for com hífen, formaria um terceiro significado, não é? Com **travessão**, parece ter o sentido de "uma ponta a outra", o que não é o caso. Portanto, não seria, então, com **barra** (/), visto que denotaria uma relação de dois elementos, como, por exemplo, **km/h, tarefas/hora**, etc.?*

Ubirajara C. – Vila Mariana (SP)

Meu caro Ubirajara, seu raciocínio acertou na mosca. Não pode ser **hífen**, porque não é um substantivo composto; não pode ser **travessão**, porque este é usado para indicar o início e o fim de um percurso ou de uma época (a ponte Rio–Niterói, a inflação no período 1960–2002). Por causa de seu uso na matemática, vai ficando cada vez mais frequente empregar a **barra inclinada** para assinalar relações do tipo **custo/benefício**, **corpo/espírito**, **tempo/espaço**, além do recente e fertilíssimo campo das interfaces (palavra com que antipatizo, mas que veio para ficar): interface **serviço/paciente**, **hardware/software**, **cérebro/máquina**, **ciência/educação**, e tudo mais que veremos nestes próximos anos. Como pode ver, só tive o trabalho de confirmar o que você já tinha pensado.

Sem espaço antes da vírgula

Professor Moreno, gostaria saber se existe alguma regra formal que obrigue a pontuação a ficar "encostada" na palavra da esquerda. Um colega de trabalho costuma colocar um espaço entre a última palavra escrita (ou digitada) e o sinal de pontuação, seja vírgula, ponto final, ponto de interrogação ou de exclamação. Argumentei que esse não era o costume, mas me desafiou a apresentar a norma que proíbe que isso seja feito. Pesquisei exaustivamente e consultei alguns professores, mas não achei o que procurava, pois a maioria das pessoas acha que é só um costume estético. Há algum fundamento gramatical?

José Francisco C. – Sorocaba (SP)

Prezado José, este é um daqueles casos em que o costume acaba se tornando lei. As vírgulas, os pontos, etc., realmente costumam ficar encostados na palavra anterior, não por força de alguma regra gramatical, mas sim por herança da forte tradição tipográfica que antecedeu o nosso mundo de textos digitais. Eu pensava que, com o tempo, este detalhe acabaria se tornando irrelevante, já que um processador de texto como o Word, ao justificar as linhas, às vezes introduz, por conta própria um espaço considerável entre as palavras, ou entre um sinal de pontuação e a palavra que vem depois dele.

Acontece que eu não estava enxergando o óbvio, e foi necessário que um leitor de Porto Alegre, Alfredo Kauer, me chamasse a atenção para um princípio fundamental de digitação que, embora não seja uma regra gramatical, encerra definitivamente a questão: ao teclarmos um texto no computador, o processador de texto interpreta cada espaço como o aviso de que uma palavra terminou e que vai começar outra; por isso, nunca devemos inserir um espaço **antes** do sinal (seja vírgula, ponto, ponto-e-vírgula, parênteses, aspas, etc.), mas sim **depois**, para que o sinal se torne, aos olhos do processador, parte integrante da palavra anterior. Como a mudança automática de linhas sempre se dá depois de uma palavra completa, a vírgula, estando "encostada", não vai passar para a linha seguinte.

Aposto que os textos digitados por aquele seu colega de trabalho apresentam, às vezes, algum sinal de pontuação isolado no início de certas linhas – o que, além de esquisito, torna muito penoso o trabalho do leitor, obrigando-o a voltar à linha que já tinha lido. Se essa observação é notícia antiga para os usuários mais experientes dos processadores de texto, muito poderá esclarecer os novatos, que às vezes ficam olhando intrigados para aquele sinal solitário no começo da linha, atribuindo-o a alguma daquelas entidades misteriosas que volta e meia se manifestam no nosso monitor, como a desanimadora tela azul ou aquela mensagem apocalítica de que cometemos um "erro fatal".

O uso de colchetes

*Professor, em quais situações exatamente empregamos os **colchetes** ao redigir um texto? O senhor já disse em uma coluna que eles devem ser usados sempre que há interferência nossa no que está sendo dito. Estariam corretos, portanto, no exemplo abaixo, trecho de uma carta que mandei para meus amigos? "A confusão está armada. Isso não dá. Que solução há? A perspectiva é má. [a rima não é de propósito; escrevi sem pensar]"*

Silvana F.P. – Sombrio (SC)

Minha prezada Silvana, aqui caberiam os velhos **parênteses**, que são os sinais adequados para indicar que estamos incluindo um comentário dentro de um texto que **nós mesmos escrevemos**. Reservamos os **colchetes** para assinalar uma intervenção nossa na citação de **texto alheio**:

"O colchete é usado para indicar a inserção de palavras nossas no texto escrito por outrem. Podem ser simples observações de caráter bibliográfico ([*está assim no original*], [*o grifo é do autor*], [*segue-se uma linha ilegível*]), mas também podem ser comentários que introduzimos na citação para condicionar a interpretação do leitor ([*como se fosse verdade*], [*eu que o diga!*], [*de novo!*]). Como essas intromissões no texto alheio constituem a mais radical de todas as intercalações, devemos dar a elas uma sinalização reforçada, para evitar que o leitor incorpore nossas palavras ao texto original que estamos citando. Normalmente, como reforço visual, as palavras que ficam entre colchetes vêm grafadas em outro tipo de fonte."

[Extraído de ***Português para Convencer***, de Cláudio Moreno e Túlio Martins. São Paulo: Ática, 2006.]

Vamos a um exemplo bem prático: suponhamos que eu esteja citando – a fim de polemizar – uma correspondência desaforada que um colega me enviou. Começo assim:

Acabo de receber um e-mail do professor XXX, onde ele sugere, de forma não muito delicada, que há lacunas na minha formação acadêmica:

"Professor Moreno, o senhor parece ignorar a lição dos gramáticos antigos! O que V.S. necessita [*agradeço a deferência, professor, mas não sou o Papa – ele é o único que merece ser chamado de Vossa Santidade!*] é de alguém que o ensine a usar a Língua Portuguesa de Camões e de Vieira".

Como fui eu que inseri a frase em itálico no meio das palavras do meu correspondente, eu não poderia simplesmente utilizar os **parênteses**, pois isso, à primeira vista, sugeriria que essa intercalação já estava no texto original do e-mail; ao usar **colchetes**, porém, assinalo definitivamente o fato de que a frase em itálico **não** pertence ao texto que estou reproduzindo.

Este é um bom princípio a seguir, cara Silvana: se toda e qualquer intervenção que eu fizer em textos alheios (sublinhas, grifos, destaques, supressões, comentários, etc.) vier entre colchetes, estabeleço com meu leitor a convenção tácita de que todos os demais sinais de pontuação que aparecerem no texto citado (incluindo aí os parênteses) foram colocados lá pelo autor, e não por mim.

P.S.: Meu exemplo ficou claro? O hostil professor, querendo abreviar **Vossa Senhoria** (**V.Sa**.), usou erroneamente **V.S.**, que é a abreviatura de **Vossa Santidade**. Para quem está destratando um professor de Português, foi um erro fatal: ele deitou no trilho, e eu só tive de acelerar a locomotiva.

Pontuação no cabeçalho de correspondência

Professor, ao escrever uma carta ou um e-mail, escrevo "Prezado Senhor" (ou, se for o caso, o nome do destinatário) e abro o parágrafo logo abaixo, sem pontuação alguma. Um colega me corrigiu e disse que o correto seria pôr vírgula após o nome da pessoa. Qual a forma correta?

Joamir S. – Parnamirim (RN)

Prezado Joamir, este é um daqueles casos que fica, como se dizia na minha infância, "ao gosto do freguês". Como não há regra específica, as pessoas se dividem aqui em várias tribos. Estão certos os que usam **vírgula**, os que usam **dois-pontos**, os que usam **ponto** simples – estão certos até mesmo os que preferem deixar **sem pontuação alguma**. Tudo é possível, exceto, é claro, um **ponto-e-vírgula**.

Eu, por exemplo, alterno entre a vírgula e o dois-pontos. Já Celso Pedro Luft, meu mestre, tem uma opinião bem diversa da minha. Não gosta da **vírgula** porque ela dá a impressão de que o tradicional "Prezado Senhor" é um **vocativo** que faz parte da primeira frase do texto; o **ponto** sozinho não lhe agrada porque o considera simplesmente "antiestético"; o **dois-pontos**, embora muito usado na correspondência oficial, parece-lhe um sinal "burocrático, técnico, comercial – pontuação fria!". Segundo ele, o ideal – "para ênfase, sentimento, calor no papel" – seria o **ponto de exclamação**, mas não o recomenda porque, reconhece, seria interpretado pela maioria dos leitores como sinal de uma entonação agressiva. Em vista de tudo isso, declara que, neste caso, "a melhor pontuação é nenhuma". Quem conhece sua obra sabe que este é mais um exemplo daquele que considera ser o "conselho áureo" para quem escreve:

> "Em caso de DÚVIDA, o melhor é sempre NÃO (**não** acentuar, **não** usar a crase, **não** flexionar o infinitivo, **não** pontuar)".

Pontuação: charadas

*Professor Moreno, aí vai uma charada para o senhor decifrar! Pontue a seguinte frase de modo que faça sentido: "**João toma banho quente e sua mãe diz ele quero banho frio**". Pode colocar em sua página na internet para ver se o pessoal consegue resolver.*

Alexandre D. – 17 anos – Brasília

Meu caro Alexandre: você é jovem, mas a frase é velha; não quero ser desmancha-prazeres para os meus leitores, mas vou resolver o enigma de uma vez:

> João toma banho quente e sua. "Mãe", diz ele, "quero banho frio".

A chave é o vocábulo "**sua**", aqui a 3ª pessoa do presente do verbo SUAR (e não o pronome possessivo). Esta é uma antiga charada de pontuação, irmã destas outras, também clássicas:

(1) Um navio holandês entrava no porto um navio inglês.

(2) Voar da Europa à América uma andorinha só não faz verão.

(3) Um fazendeiro tinha um bezerro e a mãe do fazendeiro era também o pai do bezerro.

No meu tempo de estudante circulava um poema que fala de três atraentes irmãs; dependendo da pontuação empregada, o poeta declara seu amor por Soledade, por Lia ou por Iria, ou ainda confessa estar indeciso entre as três. Vou reproduzir o poema; a pontuação, nas suas quatro versões, vem a seguir:

Três belas que belas são
Querem que por minha fé
Eu diga qual delas é
Que adora o meu coração
Se consultar a razão
Digo que amo Soledade
Não Lia cuja bondade
Ser humano não teria
Não aspiro à mão de Iria
Que não tem pouca beldade.

Essas charadas, ou enigmas, muito populares há uns cinquenta anos, espelham muito bem o saudável espírito de brincar com a linguagem, tão comum naquela época. Fico entusiasmado ao ver que jovens como você estão descobrindo o que chamo de "o prazer da palavra", para mim a verdadeira pedra de toque das pessoas que têm espírito.

SOLUÇÕES:

(1) Um navio holandês entrava no porto um navio inglês.

Essa frase não deve ser pontuada; **entrava** não é do verbo ENTRAR, mas sim o presente do indicativo de ENTRAVAR. Seria algo assim como "Um navio holandês atrapalha no porto um navio inglês". Se você quiser, pode colocar "no porto" entre vírgulas, por se tratar de um adjunto adverbial deslocado, ou deixá-lo assim mesmo, devido à sua pequena extensão.

(2) Voar da Europa à América uma andorinha só não faz, verão.

Novamente uma charada que se baseia no equívoco entre duas formas homógrafas: **verão** é a 3ª pessoa do plural do Presente do Indicativo de VER; nosso ouvido, no entanto, é sugestionado pelo velho provérbio "Uma andorinha só não faz verão".

(3) Um fazendeiro tinha um bezerro e a mãe; do fazendeiro era também o pai do bezerro.

Essa é velha como a pomada Minâncora! O fazendeiro tinha um bezerro e a mãe (do bezerro, é claro; estamos falando, portanto, de Dona Vaca); o pai do bezerro (o touro) era também do fazendeiro. A construção é caprichosa, mas vale a intenção.

Veja agora como o namorado indeciso entre as três belas irmãs pontua seu poema de quatro maneiras diferentes.

1 – O poeta confessa seu amor por SOLEDADE:

Se consultar a razão,
digo que amo SOLEDADE.
Não Lia, cuja bondade
ser humano não teria.
Não aspiro à mão de Iria,
que não tem pouca beldade.

2 – O poeta confessa seu amor por IRIA:

Se consultar a razão,
digo que amo Soledade?
Não! Lia, cuja bondade
ser humano não teria?
Não! Aspiro à mão de IRIA,
que não tem pouca beldade.

3 – O poeta confessa seu amor por LIA:

Se consultar a razão,
digo que amo Soledade?
Não! LIA, cuja bondade
ser humano não teria!
Não aspiro à mão de Iria,
que não tem pouca beldade.

4 – O poeta está hesitante entre as três:

Se consultar a razão,
digo que amo Soledade?
Não Lia, cuja bondade
ser humano não teria?
Não aspiro à mão de Iria,
que não tem pouca beldade?

Não sei quem é o autor da charada. Eu a encontrei num precioso livrinho intitulado **Exercícios de Português**, de M. Cavalcanti Proença, escritos no fim da década de 50 para os cursos de oratória e redação da Academia Militar das Agulhas Negras, famosa pela qualidade e pelo rigor de seu ensino de Português. Quando me falam na necessidade de preparar quadros para o Serviço Público, cito sempre esse exemplo da AMAN – e aí ficam brabos comigo! O que queriam? Qualidade sem esforço?

Sobre o autor

Cláudio Primo Alves Moreno nasceu em Rio Grande, RS, em 1946, filho de Joaquim Alves Moreno e Anália Primo Alves Moreno. É casado e pai de sete filhos. É membro da Academia Rio-Grandense de Letras e da Academia Brasileira de Filologia.

Fez sua formação básica no Colégio de Aplicação da UFRGS. Na mesma Universidade, licenciou-se em Letras em 1969, com habilitação de Língua Portuguesa, Literaturas de Língua Portuguesa, Língua e Literatura Grega. Em 1977, concluiu o Curso de Mestrado em Língua Portuguesa da UFRGS, com a dissertação "Os diminutivos em –inho e –zinho e a delimitação do vocábulo nominal no Português", sob a orientação de Albio de Bem Veiga. Em 1997, obteve o título de Doutor em Letras pela PUCRS, com a tese "Morfologia Nominal do Português", sob orientação de Leda Bisol. Do jardim-de-infância à universidade, estudou toda sua vida em escolas públicas e gratuitas, razão pela qual, sentindo-se em dívida para com aqueles que indiretamente custearam sua educação, resolveu, como uma pequena retribuição por aquilo que recebeu, criar e manter o site Sua Língua, dedicado a questões de nosso idioma (www.sualingua.com.br).

Em Porto Alegre, lecionou no Colégio Israelita Brasileiro, no Instituto João XXIII e no Colégio Anchieta e supervisionou a criação do Colégio Leonardo da Vinci. Ingressou como docente no Departamento de Letras Clássicas e Vernáculas do Instituto de Letras da UFRGS em 1972, aposentando-se em 1996. Na

UFRGS, foi responsável por várias disciplinas nos cursos de Licenciatura de Letras e Comunicação, assim como pela disciplina de Redação de Tese dos cursos de pós-graduação de Medicina. Na PUCRS, ministrou aulas de Língua Portuguesa no curso de Ciências Jurídicas e Sociais. Na Universidade Estácio de Sá, do Rio de Janeiro, lecionou no programa de Teleaulas de Língua Portuguesa.

Na imprensa, assinou uma coluna mensal sobre etimologia na revista *Mundo Estranho*, da Abril, e escreve regularmente no jornal *Zero Hora*, de Porto Alegre, onde publica quinzenalmente, há duas décadas, uma seção sobre etimologia, filologia e questões de linguagem.

Publicou, em coautoria, livros sobre a área da redação – *Redação técnica* (Formação), *Curso básico de redação* (Ática) e *Português para convencer* (Ática). Sobre gramática, publicou o *Guia prático do Português correto* pela L&PM, em quatro volumes: *Ortografia* (2003), *Morfologia* (2004), *Sintaxe* (2005) e *Pontuação* (2010). Pela mesma editora, lançou *O prazer das palavras* – v. 1 (2007), v. 2 (2008) e v. 3 (2013) – com artigos sobre etimologia e curiosidades da língua portuguesa. Além disso, é o autor do romance *A guerra de Troia* (lançado em 2004 como *Troia*) e de três livros de crônicas sobre a cultura do Mundo Clássico: *Um rio que vem da Grécia*, em 2004; *100 lições para viver melhor*, em 2008 (Prêmio Açorianos 2009); e *Noites gregas*, em 2015 (Prêmio AGE 2016), todos pela L&PM Editores.

Contato: cmoreno.br@gmail.com

lepmeditores
www.lpm.com.br
o site que conta tudo

IMPRESSÃO:

PALLOTTI
GRÁFICA

Santa Maria - RS | Fone: (55) 3220.4500
www.graficapallotti.com.br